REBEKKA SALM

DIE DINGE BEIM NAMEN

ROMAN

KAMPA

Die Originalausgabe erschien 2022 im Knapp Verlag, Olten.

Für den Blick hinter die Verlagskulissen:
www.kampaverlag.ch/newsletter

KAMPA POCKET
DIE ERSTE KLIMANEUTRALE TASCHENBUCHREIHE
Gedruckt auf säurefreiem und chlorfrei gebleichtem Papier
zur Unterstützung verantwortungsvoller Waldnutzung,
zertifiziert durch das Forest Stewardship Council. Der
Umschlag enthält kein Plastik. Kampa Pockets werden
klimaneutral gedruckt, kampaverlag.ch/nachhaltig infor-
miert über das unterstützte CO_2-Kompensationsprojekt.

Veröffentlicht im März 2025 als Kampa Pocket
Copyright © 2022 by Rebekka Salm
Lizenzausgabe mit freundlicher Genehmigung des Knapp Verlags
Für diese Ausgabe
Copyright © 2024 by Kampa Verlag AG,
Hegibachstrasse 2, CH-8032 Zürich
info@kampaverlag.ch
GPSR-Kontakt: Schöffling & Co. Verlagsbuchhandlung GmbH,
Kaiserstraße 79, D-60329 Frankfurt am Main
info@schoeffling.de
Der Verlag behält sich eine Nutzung des Werkes für Text-
und Data-Mining im Sinne des § 44b UrhG ausdrücklich vor.
Covergestaltung: Lara Flues, Kampa Verlag
Covermotiv: © Lost7
Druck und Bindung: GGP Media GmbH, Pößneck / 2. Auflage 2025
ISBN 978 3 311 15079 4

www.kampaverlag.ch

Für Frederike, die die richtige Frage gestellt hat

Der Vollenweider

Als der Vollenweider am Donnerstagabend die Eingangstür des Feuerwehrmagazins in die sternenlose Nacht drückte, war er in Gedanken zwei Stockwerke weiter oben im Proberaum des Musikvereins. Dort hatte er gerade noch seine Trompete in das abgeschossene Innenfutter des Instrumentenkoffers gelegt. Neben ihm der Tschudin, der Dorfmetzger, der das Kondenswasser aus seinem Mundstück schüttelte. Sie plauderten über die Obstbaumleiter mit den höhenverstellbaren Stützen, die der Tschudin von ihm ausleihen wollte, wegen der faulen Blätter in der Regenrinne. Das Wasser laufe die Fassade runter und über das Schaufenster der Metzgerei. Eine Sauerei sei das, sagte der Tschudin. Und wenn er nicht bald was unternehme, müsse er im Frühling den Maler kommen lassen. Was das wieder koste. Morgen wolle er sie holen kommen, die Leiter, in der Mittagspause.

So war das im Musikverein. Da half jeder jedem. Als letzten Frühling Vollenweiders Auto den Auspuff über den Asphalt geschleift hatte, das Material von Rost und Salzfrass brüchig geworden, hatte sich ein Kollege aus dem Baritonregister daran gemacht, eine Aufhängung zu schweissen. Der hatte eine Ahnung von Landmaschinen, da war ein Auto nicht weit her. Brauchte jemand Festbänke und Tische für eine Geburtstagsfeier, holte sie der Tschudin aus dem Schuppen hinter der Metzgerei, wo er das Material für seinen Partyservice eingelagert hatte. Schmorte die Stromleitung durch, kam Max, der war Elektriker. Max verlegt sein Kabel überall rein, hatten sie früher gewitzelt.

Und jetzt lieh sich der Tschudin eben eine Leiter.

Der Vollenweider liess die beiden Verschlüsse des Trompetenkoffers zuschnappen. Rundherum ein Klicken und Klappern von Überwurfschlössern, Rostinseln überall dort, wo der Nickel abgeblättert war. Er wollte sich gerade zum Gehen umdrehen, da packte ihn der Tschudin am Oberarm. Verdutzt drehte der Vollenweider sich um. Es war nicht üblich, dass ihn der Tschudin anfasste.

«Pass auf dich auf», sagte der Tschudin leise.

Fragen, was er damit meinte, konnte der Vollenweider den Tschudin allerdings nicht. Der hatte sich bereits Beat zugewandt, der sich lässig an eine der beiden Kesselpauken lehnte. Daran dachte der Vollenweider, als er ins Freie trat. Im Rhythmus seiner Atemzüge hingen ihm Wolken an den Lippen und lösten sich wieder auf. Vom Parkplatz her rief ihm Helen aus dem Flötenregister zu, ob er noch mit in die Beiz auf ein Bier komme. Der Vollenweider winkte ab. Er wollte nach Hause. Nach der Arbeit war er direkt ins Musiklokal gekommen und hatte noch keine Gelegenheit gehabt, den Briefkasten zu leeren.

Der Vollenweider erwartete Post.

Drei Wochen war es jetzt her, da hatte er einen maschinenbeschriebenen Stapel Papier in ein gelbes Kuvert geschoben. Das Kuvert mit der Zunge angeleckt. Adresse drauf. Dann hatte er sich das Kuvert unter den Arm geklemmt und war zur alten Post marschiert. Wo früher vergitterte Schalter gewesen waren, wo man Briefe und Geldnoten unter dicken Glasscheiben durchgeschoben hatte, standen nun Sträusse und Gestecke in Helens Blumenladen. Seit Jahren gab es keine Post mehr im Dorf. Sparmassnahmen. Wer ein Paket aufgeben oder Einzahlungen tätigen wollte, musste die gut vier Kilometer ins Nachbardorf fahren. Dort stand die einzige Post im Tal. Der Briefkasten vor Helens Laden – das PTT-Signet mit gelber Farbe übermalt und nur noch als Relief erkennbar – war jedoch noch in Betrieb. Wollte Beat, der Briefträger, den Briefkasten öffnen, musste er in den Blumenladen rein. Gleich neben den Orchideen, eingelassen in die mit feinen Haarrissen und Bohrlöchern übersäten Kacheln, war die Rückwand des Briefkastens. Einmal am Tag öffnete er den Kasten mit seinem Generalschlüssel und warf die Briefe in seinen Postsack aus Jute.

Dann sah Beat auch gleich, ob seine Frau arbeitete.

Mit wem sie einen Schwatz hielt.

Ob der Blumenlieferant wieder weg war, von dem sie in letzter Zeit so häufig sprach.

Dann sah Helen auch gleich, ob ihr Mann arbeitete.

Ob er das frische Uniformenhemd angezogen hat, das sie ihm am Vorabend rausgelegt hatte.

Ob sein Atem schon vor dem Mittag nach Bier roch.

An der Kreuzung Sappentenstrasse und Birkenweg blieb der Vollenweider stehen und schnäuzte sich die Nase. Die Strassenlaterne flackerte und warf zitternde Schatten an die Fassade des Eckhauses. Dort hatte früher Doktor Mundschin seine Praxis gehabt. Der Vollenweider erinnerte sich an einen grauen Bart, unter dem ein Stethoskop um den faltigen Doktorhals hing. Er erinnerte sich auch an feuchte Schwämme, die ihm als Bub ums verstauchte Handgelenk gebunden worden waren, und an einen Regler, der je nach Position mehr oder weniger Strom durch die Kabel zwischen Apparatur und Schwämme fliessen liess. Meist war es mehr als weniger gewesen. Danach hatte er sich jeweils die Haut vom Handgelenk ziehen können. Nach der Pensionierung des alten Dorfdoktors war einer von ausserhalb gekommen, ein junger Arzt, kaum das Studium beendet. Der hatte versucht, die Praxis weiterzuführen. Ein Jahr hatte der durchgehalten, dann war er wieder weg gewesen. Im Dorf verliess man sich lieber auf Kartoffelwickel und Essigsocken als auf einen fremden Fötzel.

Der Vollenweider schob das Taschentuch zurück in seine Hosentasche, griff nach dem Trompetenköfferchen und setzte seinen Weg fort. Dabei dachte er an das gelbe Kuvert und wie er es in den Briefkasten bei der alten Post geschoben hatte. Wie er Helen durch die gläserne Tür hindurch gegrüsst und wie sie ihn reingewinkt hatte.

Der Vollenweider plauderte gerne mit Helen.

Mit Helen war er zur Schule gegangen.

Wie es ihm gehe, hatte Helen gefragt, und wieso er sich hier rumtreibe. Er sei auf dem Weg in die Apfelbäume, hatte er ihr geantwortet. Er müsse auf Feuerbrand kontrollieren. Schlimme Geschichte. Kein Wunder sei das, es habe ja nur geregnet die letzten Wochen. Im Nachbartal habe es bereits erste Fälle gegeben. Hundert Bäume und mehr mussten die roden. So was könne einen Obstbauern ruinieren, eine Bürgergemeinde auch. Am Nachmittag wolle er dann noch nach den Büeler-Zwetschgenbäumen schauen, sie hie und da zurückschneiden. Aber vorher habe er noch diesen Brief einwerfen wollen. Ob Beat heute schon dagewesen sei. Helen hatte den Kopf geschüttelt und gefragt, was denn das für ein Brief sei. Da hatte der Vollenweider abgewinkt. Nichts Wichtiges.

Das würden sie alle behaupten, lachte Helen. Besonders dann, wenn es wichtig sei.

Sie hatten sich noch eine Weile unterhalten über die vielen Musikproben, die bereits zwei Monate vor dem Unterhaltungsabend bis weit nach zweiundzwanzig Uhr dauerten, und über den Tschudin, der letzthin gesehen worden war, wie er bei Nacht und Kälte zu Fuss unterwegs zu Chantal gewesen war. «Armer Tscholi», hatte Helen noch spöttisch gesagt und der Vollenweider hatte ihr beigepflichtet. Sie hatten es beide nicht böse gemeint. Stärker noch als das Dorfwappen oder das Dorflied, das sie am ersten August oder am Banntag auf dem Schulhausplatz gemeinsam sangen, waren es Geschichten wie die vom Tschudin und seiner rabiaten Frau, die das Dorf im Kern zusammenhielten.

Auch über den Vollenweider redeten die Leute. Natürlich taten sie das. Sie redeten über ihn als den Sonderling, den Waldschrat, den ewigen Junggesellen.

Sie hatten nicht unrecht, die Leute.

Am liebsten war er allein im Wald. Der Vollenweider mochte die Gesellschaft der Bäume. Bäume standen da, aufrecht oder windschief, aber immer in sich ruhend. Unter der Erde schickten sie sich elektrische Signale zu, kommunizierten über ein Netzwerk aus Myzelien und Wurzeln – das Wood Wide Web. Wurden Bäume von Schädlingen angegriffen, gaben sie Warnsignale ab. Somit war die restliche Waldgesellschaft gewarnt und konnte Verteidigungsmechanismen aktivieren.

Bäume, da war sich der Vollenweider sicher, sprachen miteinander und nicht übereinander.

Aber ein Mann kann nicht allein unter Bäumen sein. Er braucht Menschen. Darum ging der Vollenweider einmal die Woche in den Musikverein.

Er war nicht ehrlich gewesen zu Helen.

Der Brief war wichtig gewesen.

Seit der Vollenweider schreiben konnte, schrieb er. Früher mit Füllfeder auf liniertem Papier, heute mit seinem in die Jahre gekommenen Computer. All die Geschichten, die sich durch seinen Kopf frassen, Borkenkäfern gleich, schrieb der Vollenweider aus sich heraus, bannte sie auf Kopierpapier Bio, 80 g/m2, chlorfrei – eine hauchdünne Scheibe Baum.

Der Selbstmord des Bruders.

Die unglückliche Liebe zu Sandra.

Der frühe Tod der Mutter.

Die Grausamkeiten des Vaters.

Im Korpus seines Schreibtischs, sorgfältig abgeheftet und weggeschlossen, schmerzten die Geschichten deutlich weniger als in Vollenweiders Kopf. Das war zwar viel, genug war es ihm nicht. Er wollte Wort an Wort an Wort reihen, bis seine Wortschnüre weit über die Dorfgrenze hinausreichten. Er wollte Sätze schreiben, die sich ins Bewusstsein anderer Menschen eingruben, es aufwühlten wie Regenwürmer den Waldboden.

All die Jahre hatte der Vollenweider davon geträumt und sich doch nicht getraut, eine seiner Geschichten zu veröffentlichen. Die Dörfler hätten das nicht gewollt. Was im Dorf geschah, das blieb im Dorf.

Vor drei Wochen aber hatte er sich endlich ein Herz gefasst und einen seiner Texte in die Welt hinausgeschickt. Zu diesem Zeitpunkt hatte er begriffen, dass es besser war, die Dinge beim Namen zu nennen, Geschichten zu erzählen, alle, auch die unschönen. Ungeachtet dessen, ob man selbst gut dabei wegkam. Die Wahrheit verletzte womöglich Menschen und man lief Gefahr, sie zu verlieren. Die Wahrheit zu verschweigen, führte früher oder später mit Sicherheit dazu.

Als er das Kuvert mit seiner Geschichte darin in den Briefkasten vor Helens Blumenladen geworfen hatte, war ein Gewicht von ihm abgefallen, ein Gewicht, das er schon vor vielen Jahren hätte abstossen sollen, gerade so wie im Spätwinter der Hirsch sein Geweih.

Seither wartete der Vollenweider auf die Antwort des Verlags. Er wartete auf einen Buchvertrag.

Danach würde er wegziehen, ein Haus im Wald bauen. Nicht im Wald rund ums Dorf. In einem anderen Wald. Dort würde er mehr Geschichten schreiben. Vielleicht würde er bei einer seiner Lesungen eine Frau kennenlernen. Eine, die ihn Sandra vergessen machen liess.

Was für eine beglückende Vorstellung.

Was für eine beängstigende Vorstellung.

Vollenweiders linke Hand klimperte in der Jackentasche mit seinem Schlüsselbund, er tastete nach seinem Hausschlüssel, hielt ihn fest und dachte an die Geschichte.

Kapitel 1

Es war einmal ein Mädchen mit hellen Haaren. So hell, dass sie beinahe weiss waren.

Die Haare fielen ihm über den schmalen Rücken und weiter bis über den Gürtel. Augen und Wimpern einer Kuh hatte das Mädchen und einen Mund wie der Biss in reife Schauenburger Kirschen, süss und saftig.

Jeder Junge im Dorf hätte es gerne sein Eigen genannt. Doch das Mädchen interessierte sich nicht für die Buben. Das Mädchen interessierte sich für Zopffrisuren. Für Blumensträusse. Für die Katzen des alten Lyssers, die sich in allen Grössen und Musterungen im Dorf herumtrieben und sich gerne im Schoss des Mädchens räkelten.

Es war Februar 1984.

Ein halbes Jahr nachdem das Mädchen seine Lehre als Floristin angetreten hatte.

Einen Tag nachdem das Mädchen seinen sechzehnten Geburtstag gefeiert hatte.

Das Mädchen besuchte mit seinen Eltern den Unterhaltungsabend des Musikvereins. Der letzte Marsch war längst verklungen, da lockte einer der älteren Buben das Mädchen unter einem Vorwand aus der Turnhalle. Lockte es weg von der Wärme und weg von den Lichtern, die durch die Ritzen der mit Jalousien geschlossenen Fenster drangen.

Die Eltern dachten sich nicht viel dabei. Schliesslich war es ein ordentlicher Junge, der gerade seine Ausbildung als Elektriker abgeschlossen hatte. Die Rekrutenschule auch. Und überhaupt. Was hätten sie denn auch sagen sollen? Waren sie nicht auch so gewesen? Damals, als sie noch jung gewesen waren?

Der Junge zog das Mädchen ein Stück von der Turnhalle fort, aus deren Untergeschoss laute Musik nach oben drang. Er zog es unter ein nahegelegenes Vordach, das gestützt auf gelb bemalten Säulen den Eingang des Schulhauses vor Regen schützte.

Es regnete nicht an diesem Abend.

Dafür war es zu kalt.

Das Mädchen war mit dem Jungen mitgegangen.
Die Freundinnen des Mädchens waren alle schon nach Hause geschickt worden und die Eltern redeten nur über die Metzgerei und über die geschundenen Kühe, die auf dem Chellenmatthof ihr Dasein fristen mussten und für die der Bolzenschuss in die Schläfe einem Gnadenstoss gleichkomme.

Der Vollenweider hatte dieses Gespräch über den Chellen-matthof, den Hof seines Vaters, belauscht, als er leere Bierglä-ser auf sein Servierbrett gestapelt hatte. Laut hatte er mit den Gläsern geklappert, in der Hoffnung, Sandra, die gelangweilt in ihrem Stuhl sass, würde ihn beachten.

Die Eltern fragten sich, wer einst ihr Geschäft übernehmen werde, wenn sie selbst einmal alt sein werden. Dies war dem Mädchen unangenehm, wusste es doch, dass seine Eltern sich wünschten, es würde in ihre Fussstapfen treten.
Doch das Mädchen wollte niemals in einer Metzgerei arbeiten.
Da liess es sich mitziehen von diesem Jungen. Es war zudem ein sehr beliebter Junge. Die Freundinnen des Mädchens schwärm-ten hinter vorgehaltener Hand von ihm.
Von seinen Augen, die in der Farbe des oberen Bachlaufs leuch-teten.
Von seinen Wimpern, die an das spätsommerliche Gold eines Weizenfelds mahnten.
Von seinem Mund wie sanft geschwungene Jurahügel.
Da standen sie also, das Mädchen und der Junge, unter dem Vor-dach, das den Eingang zwar vor Regen, aber nicht vor neugieri-gen Blicken schützte.
Der Junge küsste das Mädchen.
Das Mädchen kicherte, entzog sich ihm. Wie ein Jo-Jo liess es sich einwickeln, bevor es zum Spass wieder zu entkommen versuch-te, so weit der ausgestreckte Arm es liess.
Das Mädchen trug keine Jacke. Die hing über dem Stuhl in der Turnhalle neben den Eltern.

Der Junge umarmte das Mädchen.
«Damit du nicht frierst», sagte er.

Das Mineralwasser war ausgegangen. Also hatte Beat den Vollenweider rausgeschickt, damit der eine Getränkekiste aus dem Gerätespeicher hole. Der Weg vom Turnhalleneingang hin zum Gerätespeicher führte über den Schulhausplatz. Erst auf dem Rückweg hatte der Vollenweider Max und Sandra entdeckt. Leise hatte er die Getränkekiste auf den Boden gestellt und zugeschaut.

Der Junge knetete die Brüste, die ihm nicht einmal die halbe Hand füllten.
«Nicht», sagte das Mädchen und versuchte sich aus der Umarmung zu befreien.
Die hellen Haare flatterten ihm über den schmalen Rücken und über die Unterarme.
«Lass das.»
Der Junge lachte und küsste weiter.
Den Kirschenmund.
Die Kuhaugen.
Das rundliche, beinahe noch Kinderkinn.
Das Mädchen trug einen hellen Wollrock. Darauf gestickt eine einzige leuchtendrote Erdbeere.
Knielang vorne.
Hinten hochgerutscht bis über den Po.
«Nein», sagte das Mädchen und versuchte sich aus dem Griff des Jungen zu befreien.
Der Junge lachte und klatschte sein Becken an den Hintern des Mädchens.
Er war es nicht gewohnt, dass man sich nicht für ihn interessierte. Schliesslich war er ein ordentlicher Junge. Gerade hatte er die Lehre als Elektriker abgeschlossen. Die Rekrutenschule auch. Und überhaupt: Machten es nicht alle so?

Hier hätte die Geschichte zu Ende sein können. Sie hatte bereits vieles, was eine gute Geschichte ausmachte: einen Konflikt, ein gebrochenes Herz. Doch sie war noch nicht zu Ende.

Kapitel 2
Das war die Geschichte eines Mädchens mit hellen Haaren. So
hell, dass sie beinahe weiss waren.
Weiss wie das Kleid, das sie im Altweibersommer 1984 trug.
Bodenlang hinten.
Vorne bis über die Knöchel hochgezogen durch den vorgewölbten
Bauch.
Die Hand des Mädchens war trotz der sommerlichen Temperaturen kalt, als der ordentliche Junge danach griff, um ihm den dünnen Goldreifen über den Finger zu schieben.
Der Pfarrer stellte Fragen.
Sind Sie hierhergekommen, um nach reiflicher Überlegung und
aus freiem Entschluss mit Ihrem Bräutigam den Bund der Ehe
zu schliessen?
Das Mädchen hätte am liebsten Nein gesagt.
Stattdessen sagte es Ja.
Als sein Ehemann den Schleier lüftete, um es zu küssen, sog die
Kirchgemeinde hörbar die Luft ein.
Sog der Musikverein auf der Empore hörbar die Luft ein.
Sog die Mutter der Braut in der ersten Reihe hörbar die Luft ein.
Das schleierlose Mädchen stand da mit kurzen dunklen Haaren.
So dunkel, dass sie beinahe schwarz waren. Man hätte sie für
einen Jungen halten können, wären da nicht die Brüste gewesen, jede nun eine gute Hand voll.

Bereits war Vollenweiders Haus in Sichtweite. Der Schäferhund seines Nachbarn erdrosselte sich beinahe, so sehr stemmte er sich in sein Halsband, strampelte japsend mit den Vorderbeinen in der Luft.
Der Grund wird eine Katze des alten Lyssers sein, die sich in allen Grössen und Musterungen im Dorf herumtreiben,

dachte der Vollenweider. Die Katzen werden ihm nicht fehlen, wenn er das Dorf verlassen wird. Immerzu kackten sie auf seinen Rasen.

Er hörte das Trampeln schwerer Arbeitsschuhe hinter sich und im Augenwinkel nahm er eine Bewegung wahr. Dann wurde es dunkel.

Der Vollenweider roch Jute.

Der erste Schlag traf ihn in den Bauch. Er rang nach Luft und klang dabei wie der Schäferhund.

Der zweite Schlag ging in die Kniekehlen. Der Vollenweider sackte nach vorne.

Ein Faustschlag ins Gesicht. Ein Knacken, die Nase.

Hände drückten seine Kehle zu. Der Vollenweider rang nach Luft. Vor seinen Augen erschien das Bild seines Bruders, Andreas, wie er da gehangen hatte, am Balken im Heuschober. Die Füsse nur eine Handbreit über dem Boden, die Zehen wie im Tanz gestreckt. Das Gesicht blau und aufgeschwollen. Die Augen von den zu langen Fransen verdeckt, Gott sei Dank.

Der Vollenweider wand sich.

«Pass auf, Hundesohn. Wir wissen, was du da treibst. Lass es. Hörst du? Lass es!», keuchte ihm eine Stimme ins Ohr. Er kannte die Stimme. Es war die Stimme von Max.

Irgendwo hinter ihm zwei weitere Stimmen. Eine davon gehörte dem Tschudin.

Die Hände um Vollenweiders Hals lösten sich.

Noch ein Faustschlag. Die Haut unter der Augenbraue riss.

Die schweren Schuhe entfernten sich rasch in die Richtung, aus der der Vollenweider hergekommen war. Hätte in diesem Augenblick jemand aus dem Fenster und auf die Strasse geschaut, etwa weil er hätte nachsehen wollen, warum der Schäferhund des alten Imhofs wie ein Satan tobte, dann hätte der den Vollenweider gesehen, mitten auf der Strasse und auf allen vieren.

Auf dem Sack über dem Kopf ein erdbeerroter Fleck.

Vielleicht schaute tatsächlich jemand.

Im Dorf gab es immer einen, der schaute.

Der Vollenweider zog sich den Sack vom Kopf und humpelte zur Haustür. Er brauchte mehrere Anläufe, bis er den Schlüssel ins Schloss versenken konnte.

Im Gästeklo spie er ins Waschbecken, zog eine Handvoll Klopapier von der Rolle und liess sich mit Schuhen und Jacke bekleidet in den Sessel im Wohnzimmer fallen. Da sass der Vollenweider und presste den Papierklumpen abwechselnd auf den klopfenden Schmerz über seinem Auge und unter die blutende Nase. Das einzige Licht, das seine Dunkelheit durchlässig machte, fiel von aussen durch das Wohnzimmerfenster. Beim Freddy nebenan brannte noch Licht. Wieso war der Dummkopf noch nicht im Bett?

Vollenweiders Kopf fiel zurück ins Polster.

Man hatte ihm einen Denkzettel verpasst.

Der Grund dafür, daran zweifelte der Vollenweider nicht, war die Geschichte, die er in ein gelbes Kuvert gesteckt und durch den Briefschlitz vor Helens Blumenladen geschoben hatte.

Hatte ihn Sandra verpfiffen, nachdem sie das letzte Mal bei ihm gewesen war? Wie lange war das jetzt her? Anfangs Dezember musste das gewesen sein, die Frau des alten Imhofs hatte bereits die Lichterkette um die Fensterläden drapiert. Damals war der Vollenweider nur kurz im Bad gewesen, um sich zu erleichtern und zu säubern. Sandra zog sich unterdessen an. Die Vorhänge waren geschlossen, wie immer bei ihren seltenen Treffen. Nur vom Schlafzimmer her fiel Licht ins Wohnzimmer. Im Halbdunkel fuhr Sandra mit dem Zeigefinger über die Bücher in seinem Gestell. Sämtliche Werke von Gottfried Keller, zehn Bände. Bücher über den Anbau und die Pflege von Kernobst sowie ein Kompendium über die heimische Forstwirtschaft. Noch Wochen nach ihrem Weggang konnte der Vollenweider die Spuren ihrer Fingerspitzen in der staubigen Schicht auf seinem Bücherregal sehen. Seine Haut sehnte sich nach diesen Spuren.

Sandra fegte Kekskrumen vom Schreibtisch auf den Boden. Sie stupste die Maus neben seinem Computer an.

Als der Vollenweider aus dem Bad kam, nackt, stand Sandra unter dem ausgestopften Hirschkopf. Im Licht des Bildschirms sah sie blass aus.

«Wie konntest du nur», fragte sie und zeigte auf den Bildschirm, wo ihm sein Manuskript entgegenflimmerte. Obwohl, ein Manuskript war es da noch gar nicht gewesen. Er hatte zu diesem Zeitpunkt nicht vorgehabt, den Text zu veröffentlichen. Er wusste ja, dass er Sandra vor den Kopf stossen, sein Verhältnis mit ihr gefährden würde, wenn er zugab, dass er vor mehr als dreissig Jahren zugesehen hatte, was ihr widerfahren war. Zugesehen hatte, aber nicht eingeschritten war.

An diesem Abend anfangs Dezember letzten Jahres schrieb er lediglich eine Geschichte, nur für sich.

Es war die Geschichte vom Unterhaltungsabend 1984.

Er schrieb sie nicht zum ersten Mal, diese Geschichte. Er hatte sie schon zwanzig, vielleicht dreissig Mal abgefasst, ausgedruckt und abgeheftet.

Er hielt sich beim Schreiben akribisch an seine Erinnerungen.

Dennoch war keine dieser Geschichten gleich wie die andere. Meist waren es nur Details, die sich änderten. Hatte Sandra in der letzten Version noch einen weissen Wollrock getragen, war er nun überzeugt, dass es ein weisser Wollrock mit einer roten Erdbeere darauf gewesen war.

In einer der ersten Versionen war er sich sicher gewesen, Sandra unter dem Vordach des Schulhauses laut lachen gehört zu haben. Davon fand sich heute nichts mehr in seiner Erinnerung und auch nichts mehr in seinem Text.

Geschichten veränderten sich mit der Zeit.

Vielleicht konnte er deshalb nicht aufhören, dieselbe Geschichte immer und immer wieder zu schreiben.

Vielleicht hoffte er, dass sie eines Tages eine andere Wendung nahm.

Dass er irgendwann aus seiner Erstarrung erwachte, die Getränkekiste beiseitestiess und einschritt.

Dass er Sandra zu Hilfe eilte.

Der Vollenweider hatte bis zum Moment an der Geschichte gearbeitet, als Sandra bei ihm geklingelt hatte. Er hatte nicht mit ihr gerechnet. Er rechnete nie mit ihr und hoffte dennoch immer auf sie. Seit bald fünfzehn Jahren trafen sie sich heimlich. Und obwohl sie gerne und viel miteinander sprachen, wenn sie danach nebeneinander im Bett lagen, sprachen sie nie über diese eine Nacht im Februar 1984.

In all den Jahren hatte er es nie geschafft, ihr zu sagen, dass er wusste, was damals passiert war.

Dass er es wusste, weil er danebengestanden hatte.

Dass er wünschte, es wäre damals alles anders gewesen.

Er wäre anders gewesen.

Jetzt war es zu spät.

«Wie konntest du nur», sagte Sandra tonlos.

Der Vollenweider stand da, die Hände in einem plötzlichen Gefühl von Scham vor dem Geschlecht platziert, und fragte sich, was sie wohl meinte:

Wie konntest du nur damals einfach so dastehen und zusehen?

Wie konntest du nach all dieser Zeit an dieser Geschichte rühren?

Fragen konnte er Sandra nicht mehr. Sie hatte sich bereits zum Gehen umgewandt. Grusslos war sie ein letztes Mal durchs Gartentor geschlüpft und verschwunden. Wo war sie danach hingegangen? Zu Max? Unwahrscheinlich. Zum Tschudin? Vielleicht. Direkt zu Beat? Der hatte den Brief mit Sicherheit abgefangen. Helen musste ihrem Mann von seinem gelben Kuvert erzählt haben.

Der Vollenweider rutschte noch ein Stück tiefer in den Sessel. Der ausgestopfte Hirschkopf an der Wand über dem Tisch glotzte ihn unverwandt an. Der Vollenweider versuchte vergeblich, dem Blick standzuhalten. Er wusste mit der gleichen Sicherheit, wie er wusste, dass sein Nasenbein gebrochen war: Es würde keine Antwort vom Verlag eintreffen.

Es würde keinen Buchvertrag geben.

Kein neues Leben wartete auf ihn.

Und auch keine Frau, die ihn Sandra vergessen machen liess.

Alles würde beim Alten bleiben.

Was für eine beängstigende Vorstellung.

Was für eine beglückende Vorstellung.

Erst war es nur ein Glucksen, ein Kichern, das aus seiner Brust aufstieg wie Pilzsporen nach einem Sommergewitter. Dann schüttelte es ihn. Der Vollenweider lachte. Er rang nach Luft. Von der unverletzten Gesichtsseite wischte er sich die Tränen.

Das Licht im Nachbarhaus erlosch.

Jetzt sass der Vollenweider in vollkommener Dunkelheit.

Freddy

Vorsichtig durchbohrte Freddy den roten Chitinpanzer eines Lilienhähnchens mit der Stecknadel – blauer Stecknadelkopf für Fundort Dorf – und drückte die Nadelspitze, die unten aus dem Käferbauch herausragte, in die Oberseite eines Korkzapfens. Er versicherte sich, dass der zappelnde Käfer fest auf seinem Sockel stand und trat einen Schritt zurück.

«Nummer siebenhundertachtundzwanzig», grunzte Freddy zufrieden. «Die Doppelten nicht mitgezählt.»

Freddy sammelte Käfer.

In der Schweiz gab es rund sechstausendfünfhundert Käferarten. Marienkäfer, Kartoffelkäfer und Feuerwanzen fand Freddy auf der Bündte oder im Garten hinter dem Haus, wo das Unkraut seit dem Tod der Mutter vor drei Jahren die Steinplatten des Gehwegs angehoben und schief angeordnet hatte. In den Wäldern rund ums Dorf lebten Borkenkäfer, Laufkäfer und Balkenschröter. Und einmal hatte er im Eichenhain einen Eichenbockkäfer gefunden. Der stand auf der Liste der bedrohten Arten. Ein Glücksfund. Ein beeindruckender Cheib, schwarzbraun, gut fünf Zentimeter lang, mit zwei fingerlangen knubbligen Fühlern. Der Käfer war schon tot gewesen, als Freddy ihn entdeckt hatte. Da er noch gut erhalten gewesen war, hatte Freddy ihn trotzdem in seine Sammlung aufgenommen.

Auf der Suche nach Käfern, die ihren Lebensraum ausserhalb des Dorfes hatten, borgte Freddy sich ab und an eine Tageskarte im Gemeindebüro und reiste mit dem Zug in die Voralpen oder den Jura, selten wagte er sich weiter. So hatte er auch den pechschwarzen Juchtenkäfer gefunden, dessen Larven sich jahrelang durch morsches Holz frassen. Hatte sich die Juchtenkäferlarve verpuppt und war der Käfer geschlüpft, starb der schon nach wenigen Tagen. Eine Laune der Natur. So wie Freddy.

Eine Handvoll seltener Käfer hatte Freddy zudem an der Käfermesse gekauft, die einmal im Jahr in der Stadt ihre Tore öffnete. Etwa den Alpenbock mit seinen blau und schwarz gestreiften Fühlern und – seine neueste Errungenschaft – den flugunfähigen Erdbockkäfer.

Der Erdbockkäfer kam in der Schweiz nur noch an vier Orten vor. Einer dieser Orte war ein flussnaher Park mitten in der Stadt. Aus den Eiern, die das Weibchen unter ausgewählte Gräser legte, schlüpften nach wenigen Wochen winzige Larven, die sich bald in den Boden zurückzogen, wo sie die folgenden Jahre Graswurzeln frassen. Nach mehreren Häutungen verpuppten sich die Larven und drei Wochen später schlüpften die ausgewachsenen Käfer. Den Winter hindurch blieben sie unter der Erde, bis die wärmenden Sonnenstrahlen sie im Frühling hervorlockten.

Freddy liebte solche Geschichten.

Freddy liebte Käfer.

Kurz nach dem Jahreswechsel war er in die Stadt gereist und hatte sich den Erdbockkäfer gekauft. Ein ganzes Jahr lang hatte er dafür gespart. Zum Glück hatte seine Mutter das nicht mehr erleben müssen. Die hätte ihn grüslig gescholten, dass er so viel Geld für einen toten Käfer ausgab. Sie hatte es immer nur gut gemeint mit Freddy, ihrem einzigen Kind. Seit sie tot war, schimpfte ihn niemand mehr, wenn er drauf und dran war, eine Dummheit zu begehen. Seit sie tot war, fuhr ihn auch niemand mehr ins Nachbartal zur Werkstatt, wo er Körbe geflochten hatte, aus Weide weiss oder naturbraun. Papierkörbe, Velokörbe, Autokörbe, den Autokorb de luxe, Handkörbe, Beerenkratten, Wäschepuffs und Wäschezeinen, Servierbretter, viereckige und runde. Am liebsten hatte Freddy Brotkörbe geflochten. Brotkörbe gingen rasch von der Hand. Nach Mutters Beerdigung hatte sich ein Herr Widmer bei ihm gemeldet. Wie Freddy ja wisse, sei er Freddys Vormund, hatte der Herr Widmer gesagt. Freddy hatte mit Ja geantwortet, obwohl er nicht wusste, was ein Vormund ist. Weil er schon fünfundfünfzig Jahre alt gewesen war, hatte der Herr Widmer entschieden, Freddy müsse nicht mehr in die Werkstatt. Zu teuer sei es, den täglichen Transport zu organisieren. Freddy war froh darüber gewesen, hatte er dadurch doch mehr Zeit für seine Käfer. Nur um seine Arbeitskollegen in der Werkstatt reute es ihn. Sepp mit dem fehlenden Schneidezahn und den Augenbrauen wie Strauchflechten hatte stets Witze erzählt. Es waren immer dieselben Witze gewesen, doch das hatte Freddy nie gestört. Witze, die er nicht kannte, machten ihn nervös. Meist konnte er ihnen nicht folgen, verpasste das Ende und somit den richtigen Zeitpunkt für einen Lacher. Die schlimmsten Witze waren die kurzen Witze. Treffen sich zwei Jäger, beide tot. Erwartungsvolles Gesicht. Enttäuschtes Gesicht. Ein richtiger Seich war so was. Bei Sepps Witzen aber kannte Freddy die Pointe. Er wusste lange im Voraus, welches Schicksal auf den armen Siech am Ende des Witzes wartete und wann es an Freddy war, in schallendes Gelächter auszubrechen. Ein gelungener Witz machte alle Beteiligten glücklich. Auch Maria lachte gerne und laut über Sepps Witze. Sie hatte schneeweisse Locken bis runter zum Füdli, und wenn sie Körbe flocht, schlängelten sich ihre dünnen Finger so schnell um die Weidenzweige, dass man Finger und Zweige nicht voneinander unterscheiden konnte. Dabei sang sie Lieder in einer erfundenen Sprache mit komplizierten Knacklauten und kehligen Klängen. Am Ende eines jeden Liedes legte sie ihre Flechtarbeit zur Seite, stand auf und verneigte sich tief. Sepp und er hatten daraufhin ihre Körbe zwischen die Beine geklemmt, damit sie für den Applaus die Hände frei hatten, was beim Autokorb de luxe weitaus schwieriger gewesen war als bei einem Brotkorb. Sepp und Maria waren seine Freunde gewesen. Jetzt waren Freddy als Freunde nur die Käfer geblieben.

Mit einem leisen Knacken durchbrach die Stecknadelspitze den grünlichen Rückenpanzer des Goldstaub-Laubkäfers –

grüner Stecknadelkopf für Fundort Voralpen. Mit einem ebenso leisen Knacken trat die Nadel auf der Unterseite des Käfers wieder hervor. Die dreifiedrigen Enden der Fühler wackelten bei jedem Knacken auf und ab, was drollig aussah. Im Gegensatz zum Goldhähnchen war der Goldstaub-Laubkäfer bereits tot, weshalb seine Beine regungslos vom Unterleib abstanden. Hätte der Goldstaub-Laubkäfer noch gelebt, hätte er beim Versuch, sich zu verteidigen, die Hinterbeine in die Höhe gestreckt, um grösser und somit abschreckend auszusehen.

Freddy liebte solche Geschichten.

Freddy liebte Käfer.

«Nummer siebenhundertneunundzwanzig», sagte er laut und freute sich, dass ihm diese Zahl ohne Stottern oder Stocken über die Lippen gekommen war.

In der Einleitung seines vom häufigen Gebrauch zerfledderten Bestimmungsbuchs hatte Freddy gelesen, dass Käfer die grösste Tiergruppe der Welt bildeten. Es gab mehr Käfer als Katzen, Kühe und Kanarienvögel zusammen. Trotzdem oder gerade deshalb, so Freddys Beobachtungen, mochte niemand die Käfer. Mit Ausnahme des Marienkäfers vielleicht. Aber auch den nur im Einzelfall und nur so lange, bis man einen Wunsch ausgesprochen hatte. Das war der Moment, wo der Marienkäfer wieder fortzufliegen und sich in Gottes Namen für die Erfüllung des Wunsches einzusetzen hatte.

Freddy war der Marienkäfer unter den Menschen.

Im Dorf war Freddy durchaus geduldet, solange er seinen Garderobendienst am Unterhaltungsabend absolvierte. Für den Rest des Jahres aber war es den Leuten angenehm, wenn sie ihn nicht allzu oft zu sehen kriegten.

Nun war der Rest des Jahres beinahe um. Jeden Moment würde Melanie anrufen. Melanie war im Musikverein zuständig für die Einsatzpläne am Unterhaltungsabend. Sie allein bestimmte, wer im Bühnenaufbau eingeteilt war, im Service und an der Bar. Jedes Jahr rief sie bei ihm an und fragte mit dieser gägsigen Stimme, die Freddy in den Ohren schmerzte, ob sie auch dieses Jahr wieder auf seinen Einsatz an der Garderobe zählen dürfe. Als Dankeschön gab es meist eine Flasche Rotwein, den Freddy nicht mochte, oder Pralinen, die er wegen seines hohen Blutzuckerspiegels nicht essen durfte. Freddy wartete schon seit Wochen auf Melanies Anruf. Meist rief sie noch vor Weihnachten an. Jetzt war es bereits Ende Januar und sie hatte sich noch immer nicht gemeldet. Könnte er doch nur seine Mutter fragen, was das zu bedeuten hatte. Sie würde ihm liebevoll über den Kopf streicheln und ihm versichern, dass Melanie bestimmt bald anruft. Danach würde die Mutter alles daransetzen, dass Melanie bald anrief.

Heute war Donnerstag. Donnerstags war Musikprobe bis zehn Uhr abends. Vielleicht würde Melanie gleich danach bei ihm anrufen und ihn fragen, ob er für den Garderobendienst zur Verfügung stehe. Freddy würde sich einen Moment lang zieren und dann zusagen. So wie er jedes Jahr zusagte.

Dabei mochte Freddy das Garderoben-Ämtli überhaupt nicht. Der Eingangsbereich der Turnhalle, wo er während des ganzen Konzerts zu warten hatte, war unbeheizt und zugig. Zudem ging alle paar Minuten das Deckenlicht von selbst aus und er musste mit den Händen wedeln oder einige Schritte gehen, um die Neonröhren wieder aufleuchten zu lassen. So machte es keinen Sinn, sich hinzusetzen, und sein Rücken schmerzte vom stundenlangen Stehen. Seine Mutter hatte ihn zu dieser Aufgabe überredet, als Freddy noch ein junger Bursch gewesen war. Das sei seine Chance, etwas zum Gelingen des Abends beizutragen. Mehr noch, es sei die Gelegenheit, dazuzugehören. Das hatte Freddy eingeleuchtet. Er wollte ja dazugehören, unbedingt sogar. Nichts wünschte er sich mehr. Seit über dreissig Jahren sagte er zu, wenn Melanie anrief, weil er einen Abend lang dazugehören wollte. Doch sobald sich die Hallentür um zwanzig Uhr schloss und Freddy die gedämpften Stimmen hörte, die auf für ihn unsichtbare Kommandos lauter und leiser wurden, lachten und johlten, fühlte er sich muusbei allein. Das ganze Dorf sass auf der einen Seite der Turnhallentür, genoss die Show und das Konzert. Freddy sass auf der anderen Seite der Turnhallentür, bewachte Jacken und Mäntel. Vor wem Freddy die Jacken und Mäntel bewachen sollte, hatte er nie verstanden.

Das war nicht ungewöhnlich.

Freddy verstand vieles nicht.

Vorsichtig zog er die durchsichtige Plastiktüte unter die Gelenklampe, die er an die Kante der Schreibfläche geschraubt hatte. Im Innern der Plastiktüte, auf einer brösmeligen Styroporplatte mit silbernen Nädelchen festgehalten, lag der tote Erdbockkäfer.

Freddy plante eine Käferausstellung. Hier in seinem Haus. Vielleicht im Mai oder im Juni. Und der Erdbockkäfer war das Kernstück seiner Ausstellung.

Vor zwei Jahren hatte Freddy bereits einmal eine Ausstellung gemacht. An die Wände seines Wohnzimmers hatte er Pinnwände mit den aufgespiessten Käfern gehängt, sortiert nach Fundorten und innerhalb der Fundorte nach Grösse. Vorab hatte er selbst geschriebene Flugblätter verteilt, die er im Dorfladen für zehn Rappen das Stück kopiert hatte. Auf die Zeichnung eines Ampfer-Blattkäfers, die er mit Farbstiften neben das Wort «Einladung» gemalt hatte, war er besonders stolz gewesen. Zu seinem Leidwesen hatte das Kopiergerät die grüne Farbe verschluckt. Durchs ganze Dorf war Freddy gelaufen und hatte in jeden Briefkasten einen Zettel geschoben. Die Füsse hatten ihm danach wehgetan. Es waren dennoch nicht viele Leute gekommen. Sepp und Maria waren extra mit dem Bus aus dem Nachbartal hergefahren. Roland war mit einer Schulklasse dagewesen. Danach hatte Freddy ein besonders schönes Exemplar des Bombardierkäfers gefehlt. Ein Käfer, der seine Angreifer durch Furzen in die Flucht schlägt. Zu guter Letzt hatte Beat mit seiner Enkelin Julia reingeschaut. Julia hatte sich nicht sattsehen können an den schillernden Rückenpanzern einiger Prachtkäfer, die in Indien zu Pailletten verarbeitet wurden. Beat hatte derweilen mit verschränkten Armen im Hintergrund gestanden. Nur einmal hatte er eine Frage zum Holzwurm gestellt. Freddy hatte Beat erklärt, dass der Holzwurm eigentlich Gemeiner Nagekäfer heisse, und ihn in die Ecke neben dem Bauernschrank geführt, wo die hiesigen Käfer aufgesteckt waren. Es war nur die Larve, die sich durch morsches Holz frass. Schlüpfte nach Jahren endlich ein Käfer aus der Puppe, war die Gefahr fürs Gebälk gebannt.

Freddy liebte solche Geschichten.

Freddy liebte Käfer.

Es hatte ihn nicht erstaunt, dass niemand aus seiner Familie zur Ausstellung gekommen war. Erstaunt hatte ihn hingegen, dass er dennoch enttäuscht gewesen war.

Solange seine Mutter gelebt hatte, war Freddy gemeinsam mit ihr stets zu den Familienfeiern gegangen, die eine von Mutters Schwestern organisiert hatte. Dann sass er den ganzen Nachmittag über in Lucys oder Vallys Garten auf einem Stuhl, auf dem Schoss eine Stoffserviette und ein Stück Kuchen, und schaute seinen jüngeren Cousinen und Cousins beim Spielen zu. Freddy hätte seinen schönsten Rosenkäfer dafür hergegeben, um mitspielen zu dürfen. Doch nur selten luden sie ihn dazu ein. Und wenn sie es taten, endete es stets damit, dass er in einer Pfütze oder einem Ameisenhaufen sass, in einem Kaninchenstall feststeckte oder beim Stehlen von Kuchen für die Kinderschar erwischt wurde. Sandra, die jüngste seiner Cousinen, war stets die Anführerin gewesen. Was hatte Freddy sich vor diesem Mädchen mit den fast weissen Haaren gefürchtet. Mit dem Tod seiner Mutter schien die Familie Freddy vergessen zu haben, ganz so, als wäre er ebenfalls verstorben.

Ausgerechnet Sandra hatte ihn nun zu ihrem fünfzigsten Geburtstag Ende Februar eingeladen. Ob er an diesem Abend ein Auge auf ihre Mutter werfen könne, hatte sie ihn gefragt, als sie ihm die Einladung überreicht hatte. Er hatte zugesagt. Dazuzugehören hatte immer seinen Preis.

Er blickte auf die Uhr, die über ihm an der Wand hing und leise tickte. Schon war es Viertel nach zehn. Neben ihm auf der Arbeitsfläche lag griffbereit sein Grosstastentelefon, das die Mutter noch kurz vor ihrem Tod gekauft hatte.

«Melanie ruft bestimmt gleich an», sagte Freddy laut und er beschloss, seiner Stimme zu glauben.

Er griff nach der Styroporunterlage des gut eineinhalb Zentimeter langen Erdbockkäfers und zog ihn zu sich heran. Das bläulichgraue Hinterteil mit den verwachsenen Flügeldecken hob sich deutlich vom glänzend schwarzen Rest des Käfers ab. Freddy unterdrückte den Wunsch, über den Panzer zu streicheln. Zu gross war die Gefahr, dass eines der gstabigen Glieder abbrach. Ein kaputter Käfer war ein wertloser Käfer. Dieser kleine Kerl würde Freddys Ausstellung zu etwas ganz Besonderem machen. Niemand im Dorf würde danach noch abstreiten, dass Freddy mehr konnte als Jacken und Mäntel bewachen. Vielleicht würde einer von der Zeitung kommen und etwas über ihn und den Erdbockkäfer schreiben. Die Zeitung würden dann alle Leute lesen, auch die, die nicht zu seiner Ausstellung gekommen waren. Auch Menschen ausserhalb würden so von Freddy und seiner Käfersammlung erfahren. Er würde weit über die Dorfgrenze hinaus berühmt werden. Und die Dörfler wären stolz auf einen der ihrigen. Seine Hände zitterten vor Aufregung. Er trat einen Schritt vom Erdbockkäfer zurück und schüttelte seine Finger, bis das Kribbeln daraus verschwand. So ging das nicht. Er musste Ruhe bewahren. Er durfte nicht so viel denken bei der Arbeit. Freddy dachte zu viel.

Sein Vater selig hatte ihm jedes Mal mit der flachen Hand auf den Hinterkopf geschlagen, wenn Freddy wieder einmal am helllichten Tag in Gedanken versunken und mit diesem saudummen Gesicht dagesessen hatte. Und Freddy hatte oft in Gedanken versunken dagesessen. Aber was sollte er tun? Da waren so viele Gedanken in seinem Kopf, die gedacht werden wollten. Einer nach dem anderen. Freddy hätte zu gerne gewusst, was andere Leute mit diesen vielen Gedanken machten. Wo taten sie die hin? Wie viele noch nicht gedachte Gedanken passten in einen Kopf, bis der platzte? Einmal hatte er seine Mutter danach gefragt. Sie hatte Freddy über den Kopf gestreichelt.

«Es müssen nicht alle Gedanken gedacht werden», hatte die Mutter gesagt. «Du kannst sie auch vorüberziehen lassen, mein Schatz. Wie Wolken am Himmel.»

Das Bild hatte Freddy gefallen, Gedanken wie Wolken. Doch wie man das anstellen sollte, hatte er nicht verstanden. Auch das Vorbeiziehenlassen von Wolken brauchte schliesslich Zeit.

Seit seine Mutter tot war, streichelte ihm niemand mehr über den Kopf.

Seit sein Vater tot war, schlug ihn aber auch niemand mehr mit der flachen Hand auf den Hinterkopf.

Es war nicht alles schlecht, nur weil es nicht mehr so war wie früher. Das getraute Freddy sich allerdings nicht laut zu sagen.

Er wischte sich die feuchten Handflächen an seiner Hose ab und trat entschlossen an seinen Arbeitstisch heran, der einst der Sekretär seiner Mutter gewesen war, an dem er sie jedoch nie hatte sitzen sehen. An wen hätte sie auch Briefe schreiben sollen? Alle, die sie gekannt hatte, lebten im Dorf. Seit ihrem Tod präparierte Freddy seine Käfer auf Mutters Sekretär. Er atmete ein und zog eine Nadel aus dem Styropor. Er atmete aus. Er atmete ein und zog eine zweite Nadel heraus, die das rechte Vorderbein in Position gehalten hatte. Eine unvorsichtige Bewegung und das Bein würde entzweibrechen. Freddy musste sehr vorsichtig sein.

Draussen kläffte der Hund des alten Imhofs. Das brachte Freddy durcheinander.

Einige tiefe Atemzüge später lag der Käfer dennoch ungesichert und unversehrt vor ihm. Aus dem Konfiglas mit den Stecknadeln fummelte er eine mit gelbem Kopf für Fundort Stadt heraus. Freddy näherte sich mit der Nadelspitze dem Rückenpanzer. Er zielte auf die haarfeine Linie zwischen den verwachsenen Deckflügeln, setzte die Nadelspitze auf den Käferrücken. Ein erstickter Schrei liess Freddy zusammenzucken. Die Nadelspitze schrammte über den Panzer und verschwand quietschend in der weissen Kunststoffplatte.

Freddy war sich sicher: So schrie kein Hund. Er hastete zum Fenster. Auf der Strasse standen drei Männer um einen vierten herum. Der vierte kniete auf dem Asphalt, sein Kopf steckte in einem Sack. Die Strassenlaterne beleuchtete das Geschehen von oben, das Licht mit automatischem Bewegungsmelder vom alten Imhof von der Seite.

Freddy kannte die zwei Männer, die mit Händen und Füssen auf den Sack einprügelten. Im Hintergrund stand Beat, der Pöstler, und blickte in den Himmel. Auch Freddy blickte in den Himmel, konnte dort aber nichts erkennen. Der, der mit der behandschuhten Faust auf den Sack eindrosch, war der Tschudin, der Metzger. Und der Dritte im Bunde, der den Sack gerade mit beiden Händen umklammerte, vermutlich um den armen Kerl darin zu würgen, das war Max.

Max war Sandras Mann.

Sandra war Freddys jüngste Cousine.

Es war nicht das erste Mal, dass Freddy beobachtete, wie Max jemandem Gewalt antat.

Es war auch nicht das erste Mal, dass er beobachtete, wie Beat den Himmel anstierte, während Max jemandem Gewalt antat.

Damals war Freddy Mitte zwanzig gewesen und hatte schon das vierte oder fünfte Jahr am Unterhaltungsabend die Garderobe bewacht. Nach Ende des Konzerts, kurz vor vierundzwanzig Uhr, gingen die älteren Leute meist zügig nach Hause. Der Rest der Dörfler aber blieb sitzen, oft bis in die frühen

Morgenstunden. Und solange Jacken oder Mäntel an der Garderobe hingen, solange hatte er auf seinem Platz vor den Garderobenständern zu bleiben.

Leute, die von der Halle – in der noch immer Pommes frites und Schnitzelbrote serviert wurden – in die Bar im Keller wollten, mussten an Freddy vorbei. Wer draussen auf der Turnhallentreppe eine rauchen wollte, lief zwei Mal vor seinem Tisch durch, einmal auf dem Hinweg, einmal auf dem Rückweg. Kaum einer sprach dabei mit ihm. Es schien ihm, als sei er selbst zu einem Garderobenständer geworden, an dem seine Hose, sein Pullover und sein Lächeln hingen.

Auch Max und Sandra hatten an diesem Abend so getan, als gäbe es ihn nicht. Max zog das Mädchen hinter sich her, an der Garderobe und an Freddy vorbei und zur Turnhallentür hinaus. Sandra leistete halbherzig Widerstand wie ein kleines Kind, das von der Mami im Dorfladen vom Süssigkeitenregal weggezogen wurde. Sie maulte, dass sie keine Jacke anhabe, dass diese noch über ihrem Stuhl in der Halle bei den Eltern hinge. Freddy blickte ihnen nach und lächelte. Er lächelte, obwohl er gekränkt darüber war, dass Sandra ihm ihre Jacke nicht anvertraut hatte. Es war ihm in all den Jahren noch nie eine Jacke oder ein Mantel abhandengekommen. Ab und an hatte er Mühe, die Nummern auf den Zetteln, die ihm die angetrunkenen Dörfler ungeduldig entgegenstreckten, den richtigen Haken zuzuordnen. Freddy konnte lesen. Das hatte er in der Hilfsschule gelernt. Freddy kannte jeden Käfer, den es in der Schweiz gab, auch die auf der roten Liste. Mit Zahlen jedoch hatte er Mühe. Schliesslich waren aber immer alle Kleidungsstücke zu ihren rechtmässigen Besitzern zurückgekehrt.

Ohne Jacke also war Sandra mit Max rausgegangen. Freddy hatte noch gedacht, dass sie doch frieren müsse, da draussen. Es war Ende Februar gewesen, die Temperaturen knapp unter null Grad. Und so redete er sich ein, dass es Sorge um seine Cousine und nicht Gwunder war, die ihn dazu veranlasst hatte, seinen Platz vor der Garderobe zu verlassen und draussen nachzusehen, wo sie so lange blieb.

Freddy hatte nicht genau erkennen können, was da vor sich ging unter dem Vordach des Schulhauses. Sandras Arme zappelten in der Dunkelheit, bis Max sie packte und auf Sandras Rücken bog. Auf den Rücken gebogene Arme taten weh, das wusste Freddy. Unzählige Male hatten ihn seine Cousinen und Cousins auf diese Weise gequält.

Er hätte hingehen und Sandra helfen können. Max war vermutlich stärker als er, aber Freddy war gross und schwer und wirkte auf die meisten Menschen einschüchternd. Auch dies ein Grund, warum er stets lächelte. Er lächelte, um von seiner plumpen Erscheinung abzulenken. Ganz nach dem Vorbild der Marienkäfer, denen es mit ihrem lieblichen Aussehen gelang, über die schiere Tatsache hinwegzutäuschen, dass sie nichts weiter waren als ein Insekt mit krabbelnden Beinen und elfgliedrigen Fühlern.

Freddy war nicht hingegangen. Er hatte Sandra nicht geholfen. Seine Mutter hätte es von ihm erwartet. Aber seine Mutter lag bereits zu Hause im Bett, Wachspfropfen in den Ohren, um in ihrem leichten Schlaf nicht von Vaters Schnarchen gestört zu werden.

Freddy hatte Sandra nicht geholfen, weil sie es verdient hatte. Er hätte nicht genau sagen können, was es war, was sie da gerade verdiente. Aber die Tatsache, dass er sie jammern hörte, dass für einmal sie die Unterlegene zu sein schien, freute ihn. Es gab noch einen anderen Grund, wieso er nichts unternommen hatte. Von seinem Platz vor der Turnhallentür aus hatte er zwei Gestalten gesehen, die dem Geschehen ebenfalls nur zuschauten. Mitten auf dem Schulhausplatz stand der Vollenweider, eine Getränkekiste zu seinen Füssen. Sein Gesicht, das direkt auf Max und Sandra gerichtet gewesen war, konnte Freddy nicht sehen, aber Vollenweiders Hände waren zu Fäusten geballt, als wolle er gleich losstürmen und Sandra retten oder Max verdreschen oder beides. Der Vollenweider aber rührte sich nicht von der Stelle. Dabei war der viel näher dran gewesen an den beiden als Freddy.

Ein Stück weiter hinten, auf der Höhe des Gerätespeichers, stand noch einer fast vollständig im Schatten der Turnhalle und nur seine Grösse verriet Freddy, wer es war. Beat starrte unverwandt auf den Vollenweider und dann nach einer Weile – Freddy hätte seinen wertvollsten Käfer darauf verwettet – prostete er mit einer Bierflasche dem Himmel zu.

Was da vor sich ging, hatte Freddy nicht verstanden.

Das war nicht ungewöhnlich.

Freddy verstand vieles nicht.

Er war gerade zu seinem Platz vor der Garderobe zurückgekehrt, da war Melanie aufgetaucht und hatte Max gesucht. Er hatte so getan, als wisse er von nichts, und hatte sie nach draussen geschickt.

Um kurz vor drei Uhr hatte Freddy dem alten Lysser, damals noch Fritz genannt, die Jacke ausgehändigt. Das war die letzte gewesen. Danach sahen die Kleiderständer mit ihren schräg nach oben abstehenden Haken wieder aus wie die ausgebleichten Gerippe von Urzeittieren. Freddy hatte im Fernsehen eine Dokumentation über diese riesigen Echsen gesehen. Er wischte mit der Hand Papierschnipsel vom Tisch, winkte zum Abschied in die Halle, wo Tische und Stühle zusammengeräumt wurden, und trat hinaus in die Winternacht. Anstatt quer über den Schulhausplatz auf die beleuchtete Hintergasse zu gehen, bog Freddy direkt um die Hausecke nach links ab und lief im Dunkeln der Turnhalle entlang, vorbei an Reckstangen und verwitterten Schwebebalken, auf denen die Dorfjugend abends sass und rauchte. Er war gerade auf der Höhe des Klettergerüsts, als er ein Geräusch hörte. Eine hochgezogene Nase vielleicht, ein wütendes Zischen. Er blieb stehen und entdeckte Sandras helles Haar, auf dem sich das blassgrüne Licht des Notausgangssignals über ihr spiegelte. Dort sass sie, an die Feuerschutztür der Turnhalle gelehnt, und funkelte ihn böse an.

Was er denn so blöd glotze, hatte Sandra gefragt und dabei mit den Zähnen geklappert.

Wie sie so da sass, wütend zwar, aber winzig, da hatte Freddy zum ersten Mal keine Angst vor ihr. Da hatte sie ihm sogar ein wenig leidgetan. Er war nicht gut darin, Gesichtsausdrücke von anderen Menschen zu lesen, aber er glaubte zu sehen, dass sie Kummer hatte. Ob sie nicht nach Hause in die Wärme gehen wolle, hatte Freddy sie vorsichtig gefragt. Und als Sandra den Kopf schüttelte, hatte er ihr zögerlich angeboten, sie könne sonst auch mit zu ihm kommen. Der Vater und die Mutter schliefen im oberen Stock und wurden sonntags selten vor neun Uhr wach. Dann ging der Vater zum Frühschoppen und die Mutter in die Kirche. Zu seinem Erstaunen stand Sandra tatsächlich auf, wischte sich mit dem Ärmel ihrer Jacke übers Gesicht und trottete hinter ihm her. Zu Hause setzte sie sich auf das Sofa im Wohnzimmer und stierte stundenlang vor sich hin, sodass der Vater, wenn er sie so gesehen hätte, ihr mit der flachen Hand auf den Hinterkopf geklatscht hätte. Doch noch bevor der Vater wach wurde, stand Sandra auf und marschierte los. Freddy ihr hinterher. Sie ermunterte ihn nicht dazu, hielt ihn aber auch nicht davon ab. Erst auf dem Polizeiposten, wo es faulig roch, wenn der alte Lysser hinter vorgehaltener Hand rülpste, erfuhr er, dass Max Sandra in der Nacht wehgetan hatte. Er erinnerte sich an Sandras zappelnde Arme, die ausgesehen hatten wie die Beine der Käfer, die er auf Korkzapfen pinnte. Seither musste Freddy immer an einen Käfer denken, wenn er sie sah.

Etwas von einem Käfer hatte auch der arme Tropf draussen auf der Strasse. Auf allen vieren kroch der ein Stück vorwärts, direkt in den hellen Rundumel, den die Strassenlaterne auf den Boden warf. Der Tschudin, Max und Beat rannten die Strasse runter in Richtung Dorfkern. Schon konnte Freddy sie nicht mehr erkennen. Der Hund vom alten Imhof kläffte und japste noch immer. Der Käfer auf der Strasse zog sich den Sack vom Kopf. Es war der Vollenweider. Freddy mochte den Vollenweider. Der Vollenweider wohnte im Haus gegenüber. Der sprach nicht viel, aber wenn er sprach, war er freundlich zu ihm. Einmal hatte er Freddy sogar einen Borkenkäfer aus dem Wald mitgebracht. Gut einen Zentimeter lang war der gewesen und braun und borstig.

Freddy schaute zu, wie der Vollenweider mühsam aufstand, den rechten Jackenärmel ans Gesicht gepresst. Mit der anderen Hand versuchte er den Hausschlüssel ins Schloss zu schieben. Nach mehreren Versuchen schaffte es der Vollenweider, seine Haustür zu öffnen, und verschwand aus Freddys Blickfeld.

Der Schäferhund verstummte augenblicklich. Zu hören war jetzt nur noch das Ticken von Freddys Wohnzimmeruhr.

Freddy kehrte zurück zu seinem Arbeitsplatz und näherte sich dem Erdbockkäfer auf wenige Zentimeter. Gottseidank, die Nadelspitze hatte keine Spur auf dem Panzer hinterlassen. Der Käfer sah aus wie unversehrt. Es war bereits Viertel vor elf. Freddy würde morgen weitermachen.

Unschlüssig wog er das Telefon in seiner Hand, schüttelte es. Es schwieg beharrlich.

Heute würde sich Melanie nicht mehr melden. Dabei waren es doch nur noch vier Wochen bis zum Unterhaltungsabend. Morgen würde sie bestimmt anrufen.

«Morgen ruft sie bestimmt an», wiederholte Freddy seinen Gedanken laut. Schliesslich konnte die Garderobe am Unterhaltungsabend nicht unbewacht bleiben. Irgendjemand musste die Jacken und Mäntel bewachen während des Konzerts. Wer sollte das denn machen, wenn nicht er? Es konnte doch nicht sein, dass Melanie einen anderen Tscholi gefunden hatte, der an seiner Stelle auf die Jacken und Mäntel aufpasste?

Das durfte nicht sein.

Das war Freddys Platz!

Roland

Roland drückte seine Zigarette am Schild aus, das mit dem simplen Titel «Geschichte» versehen vor der Bürgerstube stand.

Beim Zusammenschluss des unteren und oberen Fringentals, dort, wo die beiden Bachläufe zusammenfliessen, entwickelte sich eine kleine spätrömische Siedlung, insbesondere ein Strassenheiligtum mit Jupitersäule. Im Frühmittelalter folgten hier Steinkistengräber. Das Dorf breitete sich rund um den Dinghof im heutigen Unterdorf aus. Neben dem Dinghof stand die Mühle mit der Säge, davor der erste laufende Brunnen des Dorfes und die Gerichtslinde, die seither an derselben Stelle durch Nachpflanzung ersetzt wurde.

Wie schon so oft fragte Roland sich, für wen die Gemeinde das Schild aufgestellt hatte. Die, die im Dorf lebten, interessierten sich nur so weit für die Vergangenheit, wie sie diese zu erinnern in der Lage waren. Was weiter zurücklag, darüber war man sich einig, hatte in einer einfacheren, freieren und folglich besseren Zeit stattgefunden. Mochte es auch erwiesene Tatsache sein, dass sich hier vor zweitausend Jahren Römer angesiedelt hatten, für die Hiesigen war es in keinerlei Hinsicht von Belang. Die Geschichte, wie sie in Lehrbüchern und auf solchen Informationstafeln stand, war eine ganz andere als die, die sich die Dörfler erzählten. Wahrheit gründete sich weniger auf Wissen als auf Gewissheit.

Auswärtige wiederum kamen kaum ins Dorf. Hier gab es nichts, was es nicht an jedem anderen Ort auch gab – ein volles Wirtshaus, eine Selbstbedienungstankstelle, ein Dorfladen, eine leere Kirche. Das einzig Sehenswerte waren die

Kirschblüten im Frühling, wenn ganze Hügelketten mit schnee-weissen Pompons überzogen waren. Wer an einem Sonntag-nachmittag im April unter den Hochstämmern spazieren ging, der musste bei jedem Windhauch glauben, dass es trotz des wolkenlosen Himmels schneie. Doch allein der Kirschblü-ten wegen reiste niemand in ein Tal wie dieses.

Die Tür der Bürgerstube ging auf. Stimmen quollen zu Ro-land heraus. Happy Birthday, liebe Sandra, dann fiel die Tür wieder zu. Trotz der noch frühen Stunde musste sich sein Vater bereits am Türrahmen festhalten. Umständlich setzte er sich auf die unterste Treppenstufe und versuchte, sich eine Zigarette anzuzünden. Sein Daumen rutschte vom Reibrad. Als Roland nicht mehr zusehen konnte, zog er sein Feuer-zeug aus der Hosentasche und lief zum Vater, der gierig den Rauch einsog, kaum glomm die Zigarette auf.

«Alles gut?» Roland setzte sich neben den Vater auf die Stein-stufe.

Der Vater zuckte mit den Schultern und blies hörbar Rauch durch die Nasenlöcher.

«Geht's der Mutter gut?»

Zum zweiten Mal zog der Vater wortlos die Schultern hoch.

Roland erinnerte sich an ein Gespräch, das er vor vielen Jah-ren mit Micha geführt hatte, als sie an einem schulfreien Nachmittag im Schatten des alten Holunders am Ufer des oberen Bachlaufs lagen. Micha war etwa im gleichen Alter wie er und seine Cousine zweiten Grades. Sie waren verwandt, aber nicht zu verwandt. Jeder, der eine so hübsche Cousine zweiten Grades besass, wie Roland eine hatte, verstand die Wichtigkeit dieses Umstands. Als Kinder waren Roland und Micha der festen Überzeugung gewesen, sie seien füreinan-der bestimmt, und ihre Heirat war beschlossene Sache. In diesem letzten Sommer, in dem sie noch zusammen schwim-men gingen, ahnte Roland bereits, dass daraus nichts werden würde. Dennoch genoss er die trägen Stunden mit Micha. Es liess sich gut reden am Bach. Ein Chor aus rauschenden und gurgelnden Stimmen schirmte sie ab vor allfälligen Lauschern. Er erinnerte sich an den Duft der billigen Sonnencreme, an das helle Surren der Mücken und an die Härchen auf Michas Unterarmen, die so spät im Sommer die Farbe von Melasse hatten.

Ob seine Eltern oft streiten würden, hatte Micha gefragt.

Roland lag auf dem Bauch, den Kopf auf seine Handrücken gelegt. Seit einiger Zeit vermied er es, neben ihr auf dem Rücken zu liegen. Sein Körper hatte die unschöne Angewohnheit entwickelt, sich in völlig unpassenden Momenten auszustülpen. Eine Weile dachte er über Michas Frage nach.

«Eigentlich nie.»

Micha rückte ihr Bikinioberteil zurecht, den Blick hinter der Sonnenbrille an den Himmel geheftet.

«Du hast vielleicht ein Glück.»

«Glück» hatte er erwidert, um den Klang des Wortes noch einmal hören zu können. Ein kleines Wort, wie er fand, für ein so grosses Gefühl.

Die Stelle, wo Micha und er Sommer für Sommer gebadet hatten, lag nicht weit von hier. Ein Stück unterhalb der Bürgerstube, wo das Dorf in die Felder ausfranste, flossen der obere und der untere Bachlauf zusammen. Zur doppelten Grösse angeschwollen, fiel er eine künstlich angelegte Stufe hinab, eineinhalb Meter tief, vielleicht etwas mehr. Am Fuss der Stufe hatte die Wucht des Wassers im Lauf der Zeit eine Mulde in Kies und Schlick gegraben, die sie Gumpe nannten. In diesem letzten Sommer hatte ihm das Wasser an der tiefsten Stelle noch knapp bis zum Bauchnabel gereicht. Wie alt waren sie damals gewesen, Micha und er? Fünfzehn? Sechzehn? Nein, Rolands Eltern hatten nie gestritten. Wenn sich seine Schulkameraden auf dem Pausenplatz Geschichten erzählten, wie sie die Eltern hatten keifen und Türen zuschlagen hören, war er stets nur stiller Zuhörer geblieben. Natürlich gab es bessere Ehen und schlechtere, das wusste er. Ehen, die vom Streit lebten. Ehen, die von der Versöhnung nach dem Streit lebten. Die Ehe seiner Eltern aber schien ihm, seit er denken konnte, tot zu sein.

Roland kannte die Geschichte seiner Eltern, die auch seine Geschichte war. Eine Geschichte in vielen Variationen. Alle im Dorf kannten sie. Niemand sprach offen darüber. Zumindest dann nicht, wenn er dabei war, sodass er manchmal beinahe zu hoffen wagte, sie sei in Vergessenheit geraten. Die grössten Reichtümer aber, die der Mensch besitzen kann, sind Geld und Geschichten. Beides bedeutet Macht. Geld war im Dorf stets zu wenig vorhanden, also horteten die Hiesigen Geschichten wie Schätze. Und irgendwo unter diesem Haufen funkelnder Erzählungen und Gerüchte lag seine Geschichte. Etwas matt war sie geworden im Lauf der Jahre, was aber ihren Wert nicht zu mindern mochte.

Vielleicht war Roland deshalb nie aus dem Dorf fortgegangen, hatte nie eine Anstellung als Primarlehrer in einem anderen Schulkreis angestrebt. Die Angst sass zu tief, dass die Leute, drehte er ihnen erst den Rücken zu, sich das Maul darüber zerrissen, was 1984 in einer Februarnacht geschehen war.

Solange er hierblieb, solange schwiegen sie.

Wer Roland die Geschichte seiner Zeugung erzählt hatte, daran erinnerte er sich nicht. Vermutlich hatten ihm alle im Dorf im Lauf der letzten dreissig Jahre kleine Brocken davon vor die Füsse geworfen, so wie die Mutter den verwahrlosten Katzen des alten Lyssers Fleischabfälle aus der Metzgerei zuwarf.

«Was hast du der Mutter geschenkt?»

Der Vater zog Rotz hoch und spuckte neben die Treppe auf den Boden. Ein Speicheltropfen fiel von seiner Unterlippe auf das rote T-Shirt, das er immer trug, wenn er sich anständig anziehen wollte.

«Eine Halskette.»

«Die, die sie heute trägt? Die goldene mit dem Katzenan-hänger?»

Der Vater nickte.

«Die ist hübsch.»

Der Vater nickte erneut.

Das einst so dichte Haar, auf das der Vater als junger Mann stolz gewesen war, kämmte er sich seit einigen Jahren über die immer grösser werdende haarlose Stelle am Hinterkopf. Tiefe Falten klammerten seinen Mund ein und die Haut zwischen den Falten war aufgedunsen. Eine Berg- und Talland-schaft, geformt aus Zeit und Zwetschgenschnaps.

«Und?», fragte Roland. «Hat sich Mutter gefreut?»

Der Vater schnippte die Zigarette fort und versuchte sich am Treppengeländer hochzuziehen.

«Komm, hilf mir mal. Die werden sich schon fragen, wo wir geblieben sind.»

Roland zog den Vater auf die Beine und hakte sich bei ihm unter. Auf der obersten Treppenstufe angekommen blieb der Vater stehen und blickte ihm ins Gesicht. Roland konnte im Licht, das durch das schmale Fenster neben der Tür nach draussen fiel, sehen, wie die Pupillen seines Vaters im Versuch, ihn zu fokussieren, grösser und wieder kleiner wurden.

«Hast du immer noch keine Freundin?»

Roland zog hörbar Luft durch die Nase ein. Sie roch nach Vaters Bieratem. Bekäme er jedes Mal, wenn er diese Frage beantworten musste, einen Fünfliber, Roland wäre ein reicher Mann.

«Natürlich hab ich eine Freundin. Das weisst du doch. Natha-lie wohnt in der Stadt, arbeitet im Krankenhaus auf der Inten-sivstation.»

Der Vater grunzte.

«Und wo ist diese Nathalie? Immerhin ist es der Geburtstag deiner Mutter.»

«Sie arbeitet. Nachtschicht. Jemand in ihrem Team ist krank geworden, da musste sie einspringen. So ist das halt.»

Erneut beförderte der Vater mit einem lang gezogenen Grunzen Schleim aus dem Hals und in den Mund. Roland war froh, den Vater loslassen zu können. Warme Luft schlug ihm entgegen, als er die Tür zur Bürgerstube öffnete, und machte ihm für einen Augenblick das Atmen schwer.

Als Roland wieder neben dem Vater stand und dessen Arm packte, spuckte der an ihm vorbei über das Treppengeländer. Er verfehlte Roland nur knapp.

Drinnen bot sich das gleiche Bild wie vor der Zigarettenpause. Die Gäste sassen sich an zwei parallelen Tischreihen gegenüber, dazwischen weisse Tischtücher, papierene Tischsets, halb volle Weissweingläser und Bierflaschen auf Kartonuntersetzern.

Auf der einen Seite stiessen die Tische an die holzvertäfelte Wand, auf der anderen Seite hatte sich mit knapp zwei Metern Abstand ein Alleinunterhalter mit seinem Keyboard installiert. «Partycombo Felix & Frank» stand auf dem Schild, das an die Vorderseite des Keyboards geklebt war. Roland fragte sich zum wiederholten Mal, ob der Mann, der in die Tasten des Instruments haute, nun Felix oder Frank war. Im Flur hinter dem Keyboarder zogen die Mitarbeiterinnen von Tschudins Partyservice Klarsichtfolien von Glasschüsseln, in denen sich die Beilagen für den Hauptgang türmten. Seit Stunden brutzelte im Hinterhof der Bürgerstube ein Spanferkel am Drehspiess. Der Vater entwand sich Rolands Griff und schlurfte der Wand entlang in Richtung Toiletten davon.

Roland wich den zwei silbernen Ballonen aus, eine Fünf und eine Null, die, mit Kaffeelöffeln beschwert, durch den Raum taumelten. Er schlängelte sich durch den Mittelgang zwischen den Tischreihen bis zu seinem Platz. Der Stuhl zwischen ihm und der Wand war leer. Das war Nathalies Platz. Ihr Name stand auf dem Tischkärtchen am oberen Ende des Tischsets. Die Mutter hatte ihn falsch geschrieben. Nathalie hätte ihr das fehlende «h» bestimmt übel genommen.

Als er sich auf seinen Stuhl fallen liess, stimmte der Musiker mit übertrieben tiefer Stimme ein Stück von Elvis Presley an. «Tanz mit mir.»

Grossmutter Vally, die rechts neben Roland sass, legte ihre Hand auf seinen Unterarm. Auf den Häutchen links und rechts vom Daumennagel klebte Nagellack. Seit Roland denken konnte, lackierte sie ihre Nägel mit dem immer gleichen dunkelroten Nagellack. Grossmutter legte grossen Wert auf ihr Äusseres. Dass sie die Farbe über die Nägel hinaus auf die Haut kleckerte, sah er heute zum ersten Mal.

Hilflos blickte Roland auf den leeren Platz zu seiner Linken. Wäre Nathalie hier, hätte er vor seiner Grossmutter so tun können, als sei er in ein Gespräch mit seiner Freundin vertieft. Aber Nathalie war nicht hier. Einmal mehr hatte er sie entschuldigen müssen. Bis zum allerletzten Moment hatte Roland damit zugewartet. Seine Mutter hatte gerade Stoffservietten in hölzerne Serviettenringe geschoben und sie im immer gleichen Winkel zur Tischkante auf die Teller der Gäste gelegt. Ohne von den Servietten aufzublicken, hatte sie Roland halb verärgert, halb besorgt gefragt, warum er denn an dieser Nathalie festhalte, die offensichtlich nie Zeit für ihn und seine Familie habe. Warum es denn überhaupt eine Auswärtige sein müsse, die die hiesigen Gepflogenheiten nicht kenne und darum auch nicht wisse, wie wichtig der Zusammenhalt und das Miteinander im Dorf und der Familie seien. Roland hatte geschwiegen.

Er konnte Nathalie nicht verlassen.

Er brauchte sie.

Seit Nathalie vor einem Dreivierteljahr in sein Leben getreten war, hatte sich sein Leben deutlich vereinfacht. Eine abwesende Freundin war immer noch besser als keine Freundin.

Roland gegenüber sass Micha. Sie hielt sich eine goldene Haarsträhne vors Gesicht, knipste mit den Fingernägeln einzelne Haarspitzen ab und griff nach der nächsten Strähne.

Viel geredet hatten sie beide an diesem Abend noch nicht. Hatten sie genauer gesagt seit ihrem letzten Badesommer vor zwei Jahrzehnten nicht. Dabei waren sie als Kinder unzertrennlich gewesen. Ab April bis weit in den Spätherbst hinein hatten sie wann immer möglich knietief im Bachlauf gestanden und selbst gebastelte Boote durchs unruhige Wasser gesteuert, immer darauf bedacht, auf den glitschigen Steinen das Gleichgewicht nicht zu verlieren. Kurz vor dem Wassersturz liessen sie die mit Waldreben und Gräsern zusammengebundenen Holzzweige los und warteten mit angehaltenem Atem darauf, dass sie weiter unten im Bach und in ihrem Blickfeld wieder auftauchten. Ihnen voraus ans Meer sollten die Boote fahren. Weit weg oder wenigstens raus aus dem Dorf. Im Wirbel unter dem Wassersturz waren die Boote jedoch hängen geblieben und umgekippt, waren vom gurgelnden Wasser mitgerissen worden, im Kreis, immer im Kreis.

Links neben Micha sass der Freddy, Mutters Cousin. Der Freddy hatte ein fleischiges Gesicht mit dicken Lippen. Meist lächelte er dümmlich. Der Freddy sei ein armer Siech, pflegte seine Mutter immer zu sagen. Früher hatte der Freddy in einer geschützten Werkstatt im Nachbartal gearbeitet. Seit seine Eltern tot waren, fuhr niemand mehr den Freddy jeden Morgen in die Korbflechterei und holte ihn abends wieder ab. Seither arbeitete der Freddy nicht mehr. Am jährlichen Unterhaltungsabend des Musikvereins aber bediente er die Garderobe.

Die Leute im Dorf machten sich für den Unterhaltungsabend schön. Es gab nicht viele Gelegenheiten, um sich schön zu machen. Der Anlass war im Februar, selten im März. Sie trugen Jacken und Mäntel über ihren schönen Kleidern. Nicht die Jacken und Mäntel für in den Stall. Nicht die Jacken und Mäntel, um rasch im Dorfladen einkaufen zu gehen. Die anderen Jacken und Mäntel, die für am Sonntag.

Kaum einer ging am Sonntag in die Kirche.

Die meisten gingen am Sonntag in die Beiz.

Die Leute aus dem Dorf kamen am Unterhaltungsabend in die Turnhalle, zogen ihre schönen Jacken und Mäntel aus und hielten sie dem Freddy hin. Der Freddy stand hinter einem Tisch und vor einem Wald aus Kleiderständern. Er lächelte. Das hatte nichts zu bedeuten, der Freddy lächelte immer. Ab und an sagte er etwas, wenn jemand das Wort an ihn richtete.

Danke, gut.

Viel Spass.

Ja, du auch.

Meistens richtete aber niemand das Wort an ihn. Die Leute meinten das nicht böse. Sie wussten einfach nicht, was sie mit dem Freddy reden sollten. Der Freddy hatte keinen Stall. Er hatte keine Frau. Ja, er hatte nicht einmal eine schöne Jacke oder einen schönen Mantel. Er nahm sie lediglich entgegen, hängte sie in den Wald hinter sich und verteilte vorgedruckte Nummern auf farbigen Papierzetteln. Dann drehten die Leute ihm den Rücken zu, hakten einander unter und verschwanden durch die Tür, die den Vorraum mit der Garderobe von der Turnhalle trennte. Um Punkt zwanzig Uhr schloss sich die Tür. Das Konzert wurde traditionsgemäss mit einem Marsch eröffnet. So wurden auch diejenigen wieder wach, die schon am Morgen um sechs Uhr im Stall oder bei der Arbeit gewesen waren und jetzt mit schweren Augenlidern beim zweiten Bier in der Wärme sassen. Weisswein stand auch auf der Karte, die meisten tranken trotzdem Bier.

Der Freddy blieb zurück, allein mit all den schönen Jacken und Mänteln.

Der Freddy, pflegte seine Mutter immer zu sagen, der Freddy ist halt ein armer Siech.

«Roli!»

Grossmutters dunkelrot lackierter Daumen rieb ungeduldig über die Stoffserviette, die vom Partyservice Tschudin angemietet war.

«Komm, tanz' mit mir.»

Roland blickte hinter sich auf die kleine Fläche zwischen Tischen und Keyboard, wo sich seine Mutter gerade mit Beat, dem Briefträger, an einem Discofox probierte. Beats Gesicht glänzte und auf seinem Rücken und unter den Achseln zeichneten sich Schweissflecken ab. Wie andere Gäste auch trug er ein dunkelblaues Poloshirt. Der Musikverein hatte die Mutter mit einem Geburtstagsständchen überrascht. Ein Marsch zum Auftakt, dann eine Polka und ein Pop-Medley zum Abschluss. Angesichts der für Ende Februar ungewöhnlich milder Temperaturen hatte sich der Dirigent für das legere Tenue entschieden. Die Musikanten trugen statt Uniformhose, Hemd und Kittel eine Jeanshose und ein Kurzarmshirt, auf dem untertellergross das Logo des Vereins prangte – das Dorfwappen, eingerahmt von Posaune, Trompete und einem Saxofon. Der Tschudin, der zwischen Spanferkel und Salatbuffet hin und her eilte, hatte nur rasch eine Schürze darübergezogen. Auch Melanie und ihr Mann René, die am Tisch neben der Tanzfläche sassen, hatten sich nicht die Mühe gemacht, sich nach dem Platzkonzert umzuziehen. René hatte lediglich die Knöpfe geöffnet, sodass seine Brusthaare aus dem Ausschnitt unter seinem Hals herauslugten.

Es war warm in der Bürgerstube, fand auch Roland. Viel zu warm.

«Ich war schon immer ein richtiges Tanzfüdli», sagte seine Grossmutter aus dem Nichts heraus und ohne ihre Worte an jemand Bestimmtes zu richten. Ihre Stimme war viel zu laut. Die Leute schauten schon zu ihnen herüber, was Roland unangenehm war. Er mochte es nicht, angegafft zu werden. Im Zentrum der Aufmerksamkeit zu stehen, bedeutete selten etwas Gutes.

Er griff sich ein Stück Brot aus einem der geflochtenen Körbchen, die in regelmässigen Abständen auf den Tischen standen, und starrte auf die grossen Poren, die sich unter der Brotrinde sammelten, gerade so, als hätten im Backofen die Luftblasen versucht, aus dem Brotlaib zu entkommen.

Roland hatte Grossmutters Geschichte bestimmt schon tausend Mal gehört. Er wusste, was jetzt kommt. Dass sie früher gemeinsam tanzen waren, Sandra und sie. Natürlich vor Rolands Geburt und meist an der Fasnacht. Mutter und Tochter gleich verkleidet. Als Marilyn Monroe und Marlene Dietrich.

«Die haben uns für Schwestern gehalten», kicherte die Grossmutter.

Immer schon sei sie ein richtiges Tanzfüdli gewesen, wiederholte sie. Da fiel ihr wieder ein, warum sie das erzählte, und wandte sich erneut ihrem Enkel zu.

«Roland?»

Ihre Stimme hatte etwas Quengelndes an sich.

«Was?» Roland klang abweisender, als er hätte klingen wollen. Er klang wie seine Mutter, wenn sie mit ihrer Mutter sprach. Der Musiker schrammte einmal über die Klaviatur, vom höchsten bis zum tiefsten Ton.

«Was?», fragte Roland ein zweites Mal und erschrak darüber, wie scharf sich seine Stimme von der plötzlich eingetretenen Stille abhob.

Micha liess ihre Haarspitzen los und schien Roland zum ersten Mal an diesem Abend wahrzunehmen. Der Freddy blickte von ihm zur Grossmutter und wieder zurück. In Rolands Rücken kratzten Stuhlbeine über den Plattenboden, Stimmen wisperten.

Grossmutter sagte nichts mehr. Ihr Daumen rieb weiter über die Stoffserviette. Von der Seite her sah Roland ihren zusammengekniffenen Mund, in dessen Falten sich rosafarbene Lippenstiftkrümel eingegraben hatten.

Es tat ihm leid. Er liebte seine Grossmutter. Doch schien ihm der Gedanke unerträglich, sich vor aller Augen auf der Tanzfläche zu drehen wie das Spanferkel am Spiess.

Roland wusste, wie das lief. Hatten sie ihn erst einmal im Blick, Mutters Gäste, fielen ihnen plötzlich zahlreiche Geschichten zu ihm ein, die sie ihrem Sitznachbarn im Flüsterton erzählen mussten.

Alte Geschichten. Neue Geschichten.

Alte Geschichten neu erzählt.

Ein Graus war das. Er wollte das nicht.

«Ich tanze mit dir.»

Der Freddy legte seine massige Hand auf die der Grossmutter. Die Grossmutter zögerte. Der Freddy war nicht unbedingt der Tanzpartner ihrer Wahl. Aber der Freddy war besser als kein Tanzpartner. Das wusste die Grossmutter. Die Falten in ihren Lippen glätteten sich. Sie musste sich auf der Tischkante abstützen, um aufstehen zu können. Sie sei halt eine alte Schrulle, sagte sie entschuldigend. Auf dem Weg durch die Stuhlreihen verheddert sich ihr Fuss im Faden der silbernen Null. Während Roland zusah, wie sie sich mühsam wieder herauswand, fiel ihm auf, dass er den Vollenweider gar noch nicht gesehen hatte. Das war seltsam. Der Vollenweider und seine Mutter konnten gut miteinander.

Frank oder Felix spielte die ersten Takte eines langsamen Walzers.

Grossmutter legte ihre Wange an die ihres Tanzpartners und mit geschlossenen Augen wiegten sie sich hin und her. In kleinen Schritten drehten sie sich im Kreis, immer im Kreis. Sie waren das einzige Paar auf der Tanzfläche.

Grossmutter sah glücklich aus. Sie lächelte.

Der Freddy lächelte auch. Das hatte nichts zu bedeuten, der Freddy lächelte immer.

Abgesehen von den wabernden Klängen des Keyboards war es still in der Bürgerstube. Kein Klirren von Geschirr. Kein Gelächter und Gerede. Zu Rolands Erleichterung schaute niemand mehr zu ihm, alle schauten sie nun auf die beiden Tanzenden, die Alte und den armen Siech.

Alle bis auf einen.

René schaute über Melanie hinweg zu Roland.

Roland senkte den Blick und wünschte sich, irgendjemand würde endlich das Fenster öffnen.

Es war heiss hier drin.

Melanie

Lüt wo vill reede
reede über jeede

Wie oft Melanie diese zwei Zeilen, die in alter Schrift auf die gegenüberliegende Wand der Gaststube gepinselt worden waren, an diesem Abend schon gelesen hatte, wusste sie nicht. Sie wusste nur, dass sie sich wünschte, René würde mit ihr reden. Es musste ja nicht viel und auch nichts von Bedeutung sein. Wieso sich nicht über etwas Belangloses unterhalten, etwa über den alten Lysser im Haus nebenan, der in letzter Zeit von morgens bis abends in seinem Sonntagsanzug am Küchenfenster sass und auf das Gartentor stierte? Oder darüber, dass Melanies Entscheid, dieses Jahr auf einen Garderobendienst am Unterhaltungsabend des Musikvereins zu verzichten, durchwegs gut angekommen war. Endlich keine Warteschlangen mehr vor Freddys Garderobenständern. Oder René und sie könnten über Micha reden, die sich letztes Wochenende erneut nachts aus der Stadt und nach Hause hatte chauffieren lassen. Ein gelber Audi hatte bis in die späten Morgenstunden auf dem Parkplatz vor ihrer Wohnung gestanden. Den Mann dazu hatte Melanie nicht gesehen, aber vom Auto liess sich ja bekanntlich einiges auf den Fahrer schliessen. Das Geräusch des Motors war kaum im Unterdorf verklungen, als Micha auf den Küchenbalkon getreten war, den Melanie nur einsehen konnte, wenn sie im Bügelzimmer stand, das einst ein Kinderzimmer hätte werden sollen. Micha hatte geraucht und geweint, wie so oft am Sonntagmorgen. Doch egal welches Thema Melanie angeschnitten hatte, in der Hoffnung, es würde sich daraus eine nette Plauderei entspinnen, stets hatte René nur ein Achselzucken oder eine nichtssagende Bemerkung für sie übrig. Nicht unfreundlich. René war nie unfreundlich zu ihr. Es fehlte ihm schlicht das Interesse für Klatsch.

«Gut war's.»

Melanie schob das Messer zwischen die Zinken der Gabel und legte das Besteck in den Teller vor sich. Feldsalat mit gehacktem Ei, für Geniesser zusätzlich mit gebratenem Speck und Brotcroutons. So hatte es in der Speisekarte gestanden.

«Sehr gut», erwiderte René, ohne aufzublicken.

Sie sah zu, wie er mit einem Stück Brot die Salatsauce vom Teller tunkte.

Hatte er sie heute Abend überhaupt schon einmal angesehen? Melanie hatte sich dem Anlass entsprechend hübsch gemacht. Im Ausverkauf hatte sie eine neue Bluse erstanden, ein Glücksgriff. Das kräftige Hellblau des Chiffonstoffes brachte ihre Augen zum Strahlen. Darunter trug sie teure Spitzenunterwäsche. Die hatte sie im Internet bestellt. Natürlich hätte Melanie auch die gut zwanzig Kilometer in die Stadt fahren und die Dessous dort in einem der zahlreichen Unterwäscheläden kaufen können. Der Gedanke an die Verkäuferinnen aber hatte sie davon abgehalten. Ungefragt steckten die ihre Köpfe in die Umkleidekabine und fragten viel zu laut, ob alles passe, obwohl sie doch auf den ersten Blick sahen, dass genau gar nichts passte. Oder schlimmer noch, sie zogen den Vorhang gleich ganz auf, ungeachtet dessen, dass man nur in der Unterhose dastand und diese – eine Konfektionsgrösse zu klein gewählt – unschön in den Hüftspeck drückte. Und dann sagten sie Sätze wie: Sie sind obenrum kräftig gebaut, kann das sein? Oder: Es scheint mir, Ihre linke Brust ist grösser als die rechte, nicht wahr? Man sah sich in diesem Moment gezwungen, die Frage zu bejahen, und zwar in einer unbefangenen und beiläufigen Art und Weise, als hätte man im Lauf der Jahre Frieden geschlossen mit der offensichtlichen Unvollkommenheit des eigenen Körpers. Nein, das hatte Melanie sich ersparen wollen. Darum hatte sie Höschen und BH bestellt, bei einem Hersteller, der für seine teure Unterwäsche bekannt war.

Vor zwei Wochen hatte es dann geklingelt. Beat stand vor der Tür und schwenkte triumphierend ein Paket vor Melanies Gesicht hin und her. Auf der Längsseite der Schachtel war der Name der teuren Unterwäschemarke aufgedruckt.

«Es scheint, du hast was vor?» Beat liess die Augenbrauen zwei, drei Mal hochschnellen und grinste Melanie anzüglich an.

«Neidisch?», fragte sie zurück und hoffte, dass ihre Stimme gefasster klang, als sie sich fühlte.

Er lachte und wies sie an, auf dem Post-Scanner zu unterschreiben.

«Ich wusste ja gar nicht, dass René auf so was steht?» Melanie gab ihm Gerät und Stift zurück.

«Wieso soll er nicht?»

Beat liess den Stift rasch über das Display flitzen, was dieses mit Pieptönen quittierte.

«Sag, wieso soll er nicht?»

Melanie machte einen Schritt auf Beat zu. Er roch nach Zigaretten, Bier und dem Jutestoff seines Postsacks. Beat aber hatte das Gerät bereits in die Aussentasche seiner Hose geschoben und sich augenzwinkernd weggedreht.

Meist ging Melanie vor René zu Bett. Er blieb auf dem Sofa sitzen, drückte auf seinem Handy rum oder sah sich diese Late-Night-Show auf dem Ersten an. Wenn er zu Bett kam, schlief Melanie bereits. Irgendwann hatte sich das so eingeschlichen und sie hatte sich im Lauf der Jahre daran gewöhnt. Sie war schon über dreissig gewesen, als ihr Frauenarzt ihr bei einer Routineuntersuchung gesagt hatte, dass, wenn sie noch schwanger werden möchte, sie mehr Geschlechtsverkehr haben müssten, sie und ihr Mann.

Es hatte nicht sollen sein.

Auch daran hatte Melanie sich gewöhnt.

Und doch hatte sie heute die teure Unterwäsche angezogen. Schliesslich war sie immer noch eine Frau. Sie war nicht mehr jung und perfekt, war sie nie gewesen. Doch ihre Brüste – wenn auch beide nicht gleich gross – waren ins rechte Licht gerückt beinahe noch immer so zart und prall wie vor dreissig Jahren. Melanie war fest entschlossen, René heute Abend daran zu erinnern. Sie zupfte an ihrer Bluse. Die perlmuttfarbigen Knöpfe schimmerten im Licht der Deckenlampe, die in Form eines hölzernen Kutschenrads über ihren Köpfen schwebte.

«Gefällt sie dir?»

«Hm?» René blickte sie fragend an.

«Meine Bluse, gefällt sie dir?»

«Deine Bluse? Ja, sehr schön. Steht dir sehr gut.»

«Darunter trag ich auch was Schönes.»

«Sehr schön», antwortete er und fischte das vollgesogene Stück Brot aus der Sossenpfütze in seinem Teller.

Heute vor dreissig Jahren hatten René und Melanie geheiratet. Ein strahlend blauer Märztag. Nach der kirchlichen Trauung in der Dorfkirche feierten sie mit der Festgesellschaft im Restaurant Rössli. Nicht unten in der Gaststube, wo der Stammtisch stand und die Vereinsvitrinen des Fussballclubs und des Kaninchenzüchtervereins an den Wänden hing. Selbstverständlich hatten sie das Säli reserviert, den Raum für besondere Anlässe. Es war ein schönes Fest gewesen. Melanie hatte in den Wochen zuvor zwölf Kilo abgenommen, um in ihr Kleid zu passen. Sie hatte hinreissend ausgesehen, das hatten ihr alle bestätigt.

Das mit René und ihr war nicht Liebe auf den ersten Blick gewesen. Die ganze Schulzeit hindurch und darüber hinaus hatte Melanie für Max geschwärmt. Ein schöner Junge, gross und kraftvoll, meist braungebrannt. Die Augen grün und eingerahmt von langen, geschwungenen Wimpern. Weil er Trompete spielte, war auch sie in den Musikverein eingetreten. Fortan stand Melanie jeden Donnerstag zwischen Abend-

brot und Probenbeginn um zwanzig Uhr vor dem Spiegel, legte trotz des Gezeters ihrer Mutter Rouge auf und Lipgloss, lackierte sich im Sommer die Zehennägel und zupfte sich die Augenbrauen in Form. Alles für den schönen Max, der jedes Mädchen im Dorf hätte haben können.
Der Melanie hätte haben können.
Alles hätte er von ihr haben können.
Sie hätte sich bestimmt nicht so geziert.

«Was darf ich Ihnen zum Hauptgang bringen? Weisswein? Ein Gläschen Rotwein? Champagner?» Der Kellner rückte das Namensschildchen «Gysin, 2 P., 19.00 Uhr» zur Seite und zündete die Kerze in der Mitte des Tischs an. Daneben stand eine einzelne dunkelrote Rose in einer etwas zu gross gewählten Glasvase.
«Zum Anstossen einen Sekt?» Melanie blinzelte René über die Flamme hinweg zu. Der wischte sich mit der Stoffserviette über den Mund und wandte sich dem Kellner zu.
«Für mich eine Stange, bitte.»
«Ach komm schon.»
«Was denn?» René blickte sie fragend an.
Der Kellner zögerte noch einen Moment, drehte sich dann mit einer eleganten Bewegung weg und verschwand hinter dem in dunkles Holz gekleideten Buffet, das in der Mitte der Gaststube stand. Melanie wusste, René meinte es nicht böse. Er war niemals böse zu ihr gewesen. René verstand einfach nicht, dass Bier nicht das passende Getränk für so einen Anlass war. Mehr noch, es interessierte ihn einfach nicht, was man wann zu trinken pflegte.

Melanies Schwärmerei für Max hatte ein jähes Ende am Unterhaltungsabend 1984 gefunden. Gemäss Arbeitsplan, den die damalige Ressortchefin an die Tür der Umziehkabine im Untergeschoss geklebt hatte, war Melanie in die Küche eingeteilt. Als sie sah, welcher Name in der gleichen Spalte wie der ihre stand, blubberte es in ihrem Bauch wie in einem frisch geöffneten Fläschchen Elmer Citro. Von Mitternacht bis zwei Uhr morgens würde sie Schulter an Schulter mit Max zusammenarbeiten. Was für eine glückliche Fügung. Gleich nach Ende des Konzerts eilte Melanie in die Umziehkabine und schmiss ihre Querflöte ungeputzt ins Etui. Sie knöpfte sich den blau-weiss gestreiften Schlips auf, tauschte die Uniform gegen Jeans und eine sorgfältig ausgesuchte rosafarbene Bluse, tupfte ein paar Tropfen Parfum ihrer Mutter hinter die Ohrläppchen und ging aufgeregt in die Küche. Sie hatte bereits die dritte Ladung Biergläser und fettige Teller in die Geschirrwaschmaschine hinein- und wieder hinausgewuchtet, als Max endlich eintraf. Er schnappte sich mit viel Trara ein Abtrocknungstuch und stellte sich neben Melanie. Lässig lehnte er sich an die Küchenzeile und machte ihr ein Kompliment für ihre Flechtfrisur. Sie war froh, dass ein durchdringendes Piepsen das Ende des Waschgangs ankündigte und sie ihre glühenden Wangen hinter dicken Dampfschwaden verstecken konnte, die aus dem Inneren der Geschirrwaschmaschine quollen. Während Melanie dreckige Teller in den Spülkorb räumte, trocknete Max die sauberen Teller und stapelte sie neben sich zu einem schiefen Turm. Er redete ununterbrochen und sie lachte. Sie hätte ewig so weiterarbeiten können.

Es war noch gut eine halbe Stunde bis Schichtende, als er ihr das feuchte Geschirrtuch auf die Schulter legte und ihr ins Ohr raunte.

«Ich schulde dir was. Ein Bier? Nachher an der Bar?»

Melanie nickte selig und hätte noch lange auf die Tür gestarrt, hinter der Max verschwunden war, hätte nicht Beat, der die Fritteuse bediente, sie zur Eile angetrieben.

Als um zwei Uhr die Ablösung kam, frischte Melanie auf dem Damenklo ihre Schminke auf und machte sich auf die Suche nach Max. Sie fand ihn nicht an der Bar und auch nicht in der Halle, die noch immer gut halb voll besetzt war. Aus der dunklen Umkleidekabine schlug ihr ein Geruch aus Schweiss und Korkfett entgegen. Als sie ratlos im Vorraum der Turnhalle stand, fragte Freddy, ob er ihr helfen könne. Sie suche Max. Der sei schon vor einer Weile mit Sandra nach draussen gegangen, hatte Freddy ihr dümmlich lächelnd geantwortet und einem älteren Ehepaar die Jacken ausgehändigt.

Draussen standen Melanie bei jedem ihrer Atemzüge weisse Wolken vor Nase und Mund. Aus dem Kellergeschoss drangen dumpfe Bässe zu ihr herauf und die Melodie von «Neunundneunzig Luftballons». Es dauerte eine Weile, bis sie Max und Sandra von ihrem Platz vor der Turnhallentür aus entdeckte. Erst hörte sie nur Sandras Lachen. Dann nahm sie eine Bewegung wahr, weiter vorne beim Schulhaus, verdeckt von der Säule, die das Vordach des Eingangs trug. Das fahle Licht, das durch die Ritzen der mit Jalousien geschlossenen Fenster drang, reichte nicht aus, um erkennen zu können, was die beiden dort trieben. Doch Melanie konnte es sich denken. Das war nicht ihr erster Unterhaltungsabend. Sie zitterte. Sie hatte hinlaufen und sich mit eigenen Augen vergewissern wollen, dass sie sich irrte. Dass Max nicht mit Sandra tat, was sie sich so sehr gewünscht hatte, dass er es mit ihr täte. Doch just in diesem Moment war der Vollenweider aus der Dunkelheit aufgetaucht, eine Kiste Wasser vor sich hertragend. Bleich hatte der ausgesehen. Vielleicht hatte er sich wegen zu viel Bier in die Rabatten übergeben müssen. Jedes Jahr mussten sie am Sonntagmorgen nach dem Unterhaltungsabend mit Kübeln voller Wasser einmal um die Turnhalle herumlaufen und Fladen mit Erbrochenem wegspülen. Meist wurde das Flöten- oder das Klarinettenregister zu dieser undankbaren Arbeit abkommandiert. Die mehrheitlich von Männern besetzten Register – das Posaunen-, das Tenorhorn- und das Schlagzeugregister – nahmen derweil den Bühnenabbau für sich in Anspruch.

«Geh rein», hatte der Vollenweider gesagt und war demonstrativ vor Melanie stehen geblieben. Er war damals schon ein

komischer Kauz gewesen. Melanie hatte ihn wütend ange-
starrt, war dann wortlos am Garderobenwald und am Freddy
vorbeigegangen und hatte sich für den Rest der Nacht wei-
nend in die dunkle Umkleidekabine gesetzt.

Auf einem Tablar balancierte der Kellner ihre Getränke an
den Tisch. Eine Stange für René, ein Cüpli für sie. Die Luft-
blasen in der goldgrauen Flüssigkeit schienen es eilig zu
haben, von ganz unten in ihrem Kelchglas nach oben zu ge-
langen, wie wenn sie es nicht erwarten konnten, zu zerplat-
zen.
Melanie und René nickten sich zu und stiessen vorsichtig ihre
Gläser aneinander.
«Zum Wohl», sagte René.
«Auf die nächsten dreissig Jahre.»
«Auf die nächsten dreissig Jahre.»
Beide setzten ihr Glas an und tranken einen Schluck.
«Das haben wir bis hierhin nicht schlecht hingekriegt, oder?»
Melanie stellte das Cüpliglas zurück aufs Tischtuch.
«Ja. Gar nicht schlecht haben wir das gemacht.» Mit dem
Handrücken putzte er sich den Schaum von der Oberlippe.
«Würdest du es wieder tun?»
«Was?» René blickte sie irritiert an.
«Mich heiraten.»
«Sicher.» Er zog die Schultern hoch. «Wir sind doch ein gutes
Team.»
In seinem Schnauzer hing ein Rest Bierschaum.
Melanie senkte den Blick auf ihre manikürten Fingernägel.

Nur wenige Monate nach dem Unterhaltungsabend hatte
Max geheiratet. Melanie stand mit dem Musikverein in der
Kirche auf der Empore und spielte beim Einzug der Braut
«Too Much Heaven» aus einem Bee-Gees-Arrangement für
Blasmusik. Sogar mit dickem Bauch sah Sandra unverschämt
gut aus in ihrem bodenlangen, weissen Kleid.

«Wer hätte gedacht, dass Max der Erste ist, der heiratet», flüsterte Helen neben ihr, gerade in dem Moment, als Max seiner Braut den goldenen Ring über den Finger streifte.

«Kein Wunder, so wie die's drauf angelegt hat», gab Melanie zischend zur Antwort.

«Woher weisst du das?»

«Ich hab's gesehen.»

Helen hatte beeindruckt die Augenbrauen gehoben.

Kaum war Max unter der Haube, traten andere Mitglieder des Musikvereins vor den Traualtar. Ganz so, als sei Heiraten eine ansteckende Krankheit. Der Tschudin war im Jahr darauf der nächste. Der heiratete Regula. Eine Entscheidung, die er seither bestimmt schon oft bedauert hatte. Nochmals ein Jahr später sagten Melanies Registerkollegin Helen und Beat Ja zueinander. Stets fand der Apéro in der ausladenden Gartenbeiz des Restaurants Rössli statt. Stehtische mit weissen Hussen, ein Buffet mit Weisswein und Orangensaft, Speckzopf, Käse-Trauben-Spiesslein und eine Platte mit Patisserie.

Es war ein sonniger Samstag anfangs Mai gewesen. Auf den süssen Stückchen tummelten sich bereits die Wespen. Helen und Beat posierten für ein Foto mit seinen Arbeitskollegen von der Post, die allesamt in Uniform angereist waren. Melanie stand allein an einem Stehtisch, ein Stück Cremeschnitte vor sich auf dem Teller, da gesellte sich René zu ihr.

«Heiss heute», hatte er gesagt und dabei nervös am Tragegurt seines Saxofons gezogen, der ihm vor der Brust hing. Ein einfältiger Gesprächsanfang, wie Melanie fand. Immerhin sah René ganz passabel aus. Nicht so gut wie Max, das nicht, aber dennoch nicht leid. Einzig seinen Oberlippenbart fand sie unappetitlich. Und seinen Beruf. Damals war er noch Metzger gewesen. Böse Stimmen hatten behauptet, dass sich René nicht für Frauen interessiere, da er als Zwanzigjähriger noch keine im Bett gehabt hatte. Am Ende sei der noch vom anderen Ufer, ein warmer Bruder, eine Schwuchtel. Auch über Melanie zerrissen sie sich das Maul. Beine habe sie wie ein Brauereipferd, das Gebiss sowieso. Und wenn sie nicht bald einen Mann finde, müsse man wohl einst «ungebraucht zurück» auf ihren Grabstein schreiben. Und je mehr Alkohol geflossen war, umso lauter wurden diese Stimmen.

Nach der Feier nahm René Melanie mit nach Hause. Von da an waren sie ein Paar und die bösen Stimmen verstummten.

René zog sein Handy aus der Brusttasche seines Hemds, las auf dem Display.

«Alles gut?», fragte sie nach einer Weile und schob sich das letzte Stück Eistorte in den Mund.

Er liess das Handy zurück in die Brusttasche gleiten und griff ebenfalls nach der silbernen Gabel.

«Alles gut.»

Melanie hätte gerne gefragt, wer ihm eine Nachricht hatte zukommen lassen, tat es aber nicht. Sie kannte die Antwort. Einer seiner Kollegen aus dem Busbetrieb. Mehr sagte er nie dazu. Nicht welcher seiner Kollegen und auch nicht, um was es denn ging in der Nachricht. Er unterliess es nicht in böser Absicht. Es fehlte ihm schlicht das Verständnis für die Wichtigkeit, sich auch über alltägliche Dinge auszutauschen.

«Schmeckt gut», sagte René und leckte die Gabel sauber.

«Sehr gut, ja.»

Damals musste Melanie die Geschichte immer und immer wieder erzählen. Ihr hatte diese Rolle gefallen. Die Leute gierten nach Details und Melanie gab ihnen, was sie wollten. Sie erzählte, wie sich Sandra Max im kurzen Rock und nur mit einer hauchdünnen Bluse bekleidet an den Hals geworfen, wie sie ihn so aus der Turnhalle gelockt, mit ihm unter dem Vordach des Schulhauses geschmust, sich verführerisch an ihm gerieben und ihm zu guter Letzt den Hintern hingestreckt hatte. Wie sie zufrieden dreingeschaut hatte, als er endlich die Hosen runtergelassen hatte. Wie sie theatralisch ihr helles Haar geschüttelt hatte, so hell, dass es beinahe weiss ausgesehen hatte. Und je mehr Melanie erzählte, von dieser Nacht im Februar 1984, umso klarer standen ihr die Bilder vor Augen.

René war bereits in seinen Mantel geschlüpft und hielt Melanie den Arm hin. Zuoberst auf die Handtasche bettete sie vorsichtig die Rose. Daheim würde Melanie sie kopfüber aufhängen und trocknen lassen. Eine hübsche Erinnerung an ihren Hochzeitstag. Zuvor aber würde sie René ihre teure Unterwäsche vorführen. Beim Gedanken daran war sie beinahe so aufgeregt wie vor dreissig Jahren.
Sie hatten nicht weit bis nach Hause, also waren sie trotz der unsicheren Wetterprognose zu Fuss gekommen. Die hängenden Köpfe der Strassenlaternen spiegelten sich auf der Strasse. Der ganze Winter hatte mit Schnee gegeizt und dafür unermüdlich Regen übers Dorf geschüttet.
«Nass heute», sagte René und sie pflichtete ihm bei.
In ihren Ballerinas hatte Melanie Mühe, den Pfützen auszuweichen und gleichzeitig mit ihm Schritt zu halten. Er schien ihr Dilemma nicht zu bemerken und schritt zügig voraus.
Schon war Melanie beim Versuch, eine Wasserlache mit einem raschen Seitenschritt zu umgehen, mit der Handtasche an der schiefen Spitze einer Gartenzaunlatte des alten Lyssers hängen geblieben und ins Stolpern geraten.
Wäre René in diesem Moment in Gedanken nicht woanders gewesen, wäre er stehen geblieben, hätte Melanie sich noch fangen können. So aber riss er sie, ihren Arm in seinen eingehakt, einen weiteren raschen Schritt vorwärts. Melanie fiel mit einem spitzen Schrei vorwärts auf die Knie, die beim Aufprall auf den Asphalt aufplatzten. Der Inhalt ihrer Handtasche ergoss sich in den Rinnstein und wurde vom abfliessenden Regenwasser mitgerissen, Taschentücher, Notizzettel, Lipgloss und Mascara. Sie griff nach der Rose, patschte aber ins Leere. Wasser spritzte ihr ins Gesicht. Die Rose verschwand in der Nacht.

«Was tust du da? Hast du dir wehgetan?», fragte René erschrocken, als er sich zu ihr umdrehte.

«Nein.»

Ihre Stimme klang dünn.

Melanie wusste, er hatte es nicht mit Absicht gemacht. René hatte ihr noch nie mit Absicht wehgetan.

Rasch packte er sie halb am Schulterpolster ihrer Jacke, halb am Kragen und riss sie hoch. Beim Versuch, die schmerzenden Knie durchzustrecken, knickte sie erneut ein.

Rechts neben ihrem Ohr hörte sie Stoff reissen.

«Bitte nicht!»

Melanie schluchzte.

«Nicht der BH.»

Der alte Lysser

Der Frühlingsanfang hatte Bodenfrost und Wind gebracht. Als die Ziegel vorletzte Nacht auf den Vorplatz gefallen waren, hatte der alte Lysser gedacht, der ganze Himmel stürze auf ihn herab. Seither hatte die Antenne auf seinem Dach ein gebrochenes Rückgrat und die Stimme des Radiosprechers klang, als spräche er aus den Tiefen des oberen Bachlaufs heraus.

Unruhen in Südafrika oder Südamerika. Das Rauschen verschluckte den genauen Kontinent. Irgendwo bebte die Erde. Es gab Tote, Verletzte vielleicht auch. Kein Stau auf den Autobahnen. Am Samstag erwartete man die nächste Kaltfront. Dann dudelte Musik aus den zwei kreisrunden Lautsprechern, die ihn wie tote Augen von der Seite her anglotzten.

Er drehte das Radio leiser und setzte sich auf die Holzbank am Fenster.

Wieder nichts. Dabei hatte die Baufirma bald die gesamte Bündte aufgerissen, Stärneföifi. Jeden Moment musste einer dieser portugiesischen Bauarbeiter etwas Ungewöhnliches auf seiner Baggerschaufel entdecken. Ein menschliches Gerippe, der Rücken zerschmettert. Mord.

Die Fingergelenke, steif und verformt, schmerzten den alten Lysser, als er das Brot aus dem Küchentuch wickelte. Die Kruste brach in grosse Stücke, wo das Messer in den Laib drang. Eine Weile lang musste er die Rinde einspeicheln, bevor er das Brot beissen konnte.

In den dreiundvierzig Jahren, in denen er Polizist hier im Ort gewesen war, hatte es so was wie Mord nicht gegeben. Prügeleien, Diebstahl, Autounfälle wegen Trunkenheit, das schon. Aber Mord? Nein. Er war stets darauf bedacht gewesen, den Frieden unter den Dörflern zu wahren.

Dieses Gerippe, das man jeden Moment aus der Erde hob, stammte aus der Zeit davor.

Damals hatten ihn alle noch Fritz genannte. Gerade noch war er sich sicher gewesen, dass alle Mädchen dumme Gänse sind, da stellte er fest, dass er am Vally Gefallen gefunden hatte. Sie mit ihren dicken, glänzenden Zöpfen, die dunkler gewesen waren als die ihrer älteren Schwestern. Meist hatte sie weit oben in einem der Apfelbäume auf der Bündte hinter ihrem Haus gesessen und in den Himmel geschaut. Ihr Grossvater hatte noch zwölf Rinder, Mutter- und Milchkühe sein Eigen genannt. In jener Zeit war Vallys Familie auch nicht reich gewesen, aber es hatte immer genug Essen auf dem Tisch und ein sauberes Kleid für den Kirchgang im Schrank gehabt. Als der Grossvater starb, verkaufte Vallys Vater das Vieh und fing an, mit Obst und Zuckerrüben zu wirtschaften. Niemand im Dorf sonst hatte vorher jemals Zuckerrüben angepflanzt. Und auch Vallys Vater hielt nur wenige Jahre durch. Der Boden war zu kalkhaltig und die Lieferwege waren zu lang. Die Dörfler hatten den Kopf geschüttelt. Mit Hafer, Raps und Futtermais liess sich seit Menschengedenken anständig Geld verdienen. Wieso also Zuckerrüben? Wieso Frau und Kinder hungern lassen? Sie nannten Vallys Vater einen Duubel. Seine drei Töchter aber waren allseits beliebt. Schlank und hochgewachsen und so blond, wie es nur Engel sein können, wohlerzogen und gottesfürchtig. Vom Alter her reihte sich Fritz zwischen Lucy und Elly ein. Doch er hatte nur Augen für die Jüngste, für Vally gehabt. Wenn er mit den Wellen aus dem Wald über die Bündte kam, blieb er stets unter dem Apfelbaum stehen, auf dem sie sass, und plauderte ein paar Worte mit ihr über das Wetter oder die vergangene Obsternte. Ab und an trafen sie sich auch im Milchhüsli oder am Dorfbrunnen. Wann immer sie sich über den Weg liefen, schenkte ihm Vally ein scheues Lachen und zeigte dabei ihre schneeweissen Zähne.

Seit sein Bruder Franz an der Grenze und der Vater vom Heuboden gefallen war, war Fritz derjenige, der einkaufen und haushalten musste. Kaum war der Schnee geschmolzen, schickte ihn der Vater zudem in den Wald. Dort schnitt er Reisig zu Brennholz. Am frühen Morgen, noch vor der Schule, wuchtete er die am Vortag gesammelten Zweige auf den Bock, drückte sie erst mit den Unterarmen, dann mit dem Hebel des Wellenbocks nach unten und band sie zu guter Letzt mit Schnur. Im Bauch meist nichts als Eichelkaffee, wässrig und bitter. Jeder Reisigbund zehn Zoll, zwanzig Rappen für einen Bund. Wellen aus Tannenholz gaben im Ofen mehr Wärme ab als die buchigen.

Wellenfritz haben ihm die Goofen im Dorf hinterhergerufen. Wellenfritz riefen sie und stoben in alle Himmelsrichtungen davon, bevor er einen von ihnen am Schopf packen und verdreschen konnte.

Mit der Faust wischte der alte Lysser ein Guckloch ins beschlagene Fenster und blickte in den Garten. Wo einst Margrits Rosenstöcke geblüht hatten, rosarote, gelbe und solche mit dunkelroten Blüten, wucherten heute kniehoch Gräser, Disteln und Ranken. Es hätte Margrit das Herz gebrochen, Gott sei ihrer Seele gnädig. Die Rosenstöcke waren die Kinder gewesen, die sie nie hatten bekommen können. Auch die einst so satte dunkelgrüne Farbe des Gartentors war zu einem schmutzigen Graubraun verblasst. Einige Latten hingen schief und klapperten einen spöttischen Abzählreim, wenn der Wind durch sie hindurchfuhr.

Pass auf, der Wellenfritz, der macht dich tot mit einem Schlitz. Durch dieses Tor werden sie kommen, um ihn zu holen. Sie werden am Gartentor rütteln und wenn sie merken, dass es sich vor lauter Rost nicht mehr öffnen lässt, einfach darüber hinweg steigen, wie er es selbst früher oft getan hatte. Mit ihren schweren Stiefeln werden sie über die verwachsenen Steinplatten stapfen und auf die Klingel neben der Tür drücken, wo noch immer «F + M Lysser» steht.

Jeden Moment mussten sie kommen. Zwei Polizisten, vielleicht auch drei.

Kaum abwarten hatte Fritz es können, bis der Brief aus Bern eintraf. Das war im Frühjahr 1945 gewesen. Wenige Monate vor Kriegsende hatte er jeden Tag darauf gehofft, endlich in den Aktivdienst einberufen zu werden. Aus dem Radio wusste er, dass die Deutschen ihre Männer schon mit sechzehn einzogen. So alt war er auch. Und was die konnten, konnte er schon lange. Die schnarrende Stimme im Radio sprach vom baldigen Endsieg und Fritz hoffte, dieser möge bissoguet noch ein wenig auf sich warten lassen. Er wünschte sich nichts mehr, als endlich von zu Hause weggehen zu können. Er war die Launen des Vaters leid, das Haushalten, die Wellen, den Spott der Goofen. Er hatte sich ausgemalt, wie er in der tannigen Uniform zu Vally marschieren und seinen Tornister an den Dorfbrunnen stellen würde, den Mutz lässig auf den Hinterkopf geschoben. Er hätte Vally die Hand drücken und ihr sagen wollen, dass er jetzt fürs Vaterland Dienst tun und dem Hitler den Garaus machen gehe. Er hätte ihr auftragen wollen, dass sie sich in der Zwischenzeit und bis zu seiner Rückkehr behüten solle. Beim Gedanken an Vallys kleine Hand in seiner hatte der Fritz die Gertel auf den Boden gelegt und sich die klammen Finger tief in den Hosenbund geschoben. Natürlich hatte er wieder zurückkehren wollen nach dem Krieg, ins Dorf. Wo hätte er auch sonst hingehen sollen. Er kannte ja nichts anderes. Er hatte heimkommen und Vally zur Frau nehmen wollen. Er sah sich schon im Garten sitzen und Pfeife rauchen, wie es der Vater in seltenen zufriedenen Momenten machte. Seine Kinder, ein Mädchen mit glänzenden Zöpfen und ein pausbäckiger Junge, mahnte Fritz liebevoll, aber mit gebotener Strenge zu mehr Ruhe, während seine Vally in der Küche herumfuhrwerkte. Vorher aber wollte er noch weg, in den Krieg. Einmal in die Fremde ziehen, das Dorf hinter sich lassen. Einmal nur sein eigener Herr sein.

Doch dann kam alles anders. Auch mehr als siebzig Jahre
später wunderte er sich noch immer, wie alles so ganz anders
hatte kommen können.

Woher er gekommen war, wusste niemand. Eines Tages, im
Jahr nach Kriegsende, war er einfach da gewesen. Ein Jud,
sagte der Vater. Ein Deutscher namens Jakob, sagte Vally vom
Apfelbaum herunter. Schwarze Haare, schwarze Augen und
dünn war der, dünn wie ein Haselzweig. Der Rössli-Wirt hatte
dem fremden Fötzel Kost und Logis versprochen, wenn der
ihm den Keller instand stellte. Das frühe Schmelzwasser und
der späte Frost im letzten Jahr hatten dem Wirt die Wände
gesprengt.
Fritz hatte den Jud ein paar Mal gesehen, wenn er mit den
Wellen auf dem Rücken durchs Dorf gegangen war. Geredet
hatte er nie mit ihm. Der Jud könne nur Hochdeutsch, hatte
er sagen hören. Und Hochdeutsch lag Fritz sperrig im Mund.
Die Sätze, die er in der Schule laut von der Tafel oder aus dem
Lesebuch hatte vorlesen müssen, blieben ihm an den Zähnen
hängen, klebten an seiner Zunge. Und wenn er sie endlich
ausgespuckt hatte, die steifen Wörter, lachten seine Klassenkameraden.
Jahre später, als Fritz längst Polizist im Dorf war und niemand
mehr über ihn zu spotten wagte, hatte er den Neuzuzügern
nahegelegt, sich rasch anzupassen. Den hiesigen Dialekt zu
lernen, sich nicht hoffärtig zu kleiden, im Musikverein mitzu-
wirken oder im Kaninchenzüchterverein. Sie sollten alles tun,
um nicht aufzufallen. Wer auffällt, sorgt für Unruhe, und Unruhe gefährdet den Frieden im Dorf.
Zum Glück sind nur wenige von ausserhalb gekommen. Und
noch weniger sind geblieben.
Dies wird sich nun ändern. Eine Immobilienfirma aus der
Stadt hat nach und nach die drei Parzellen der Bündte aufge-
kauft. Einst hatte die Bündte Vallys Vater gehört. Gut sechs
Hektare Grasland mit Hochstämmern – Reinette, Boskoop,

Gravensteiner. Nach seinem Tod hatten die Töchter das Land geerbt. Den Teil von Vally hatte die Firma schon in den Fünfzigerjahren erworben, als Vallys Mann, Werner Bertschi, die Metzgerei umbauen wollte. Ellys Anteil war bei ihrem Tod vor einigen Jahren an ihren einzigen Sohn, den Freddy, übergegangen. Freddys Vormund hatte unverzüglich dem Verkauf zugestimmt. Vermutlich, um die Invalidenkasse zu entlasten. Vor einigen Monaten hatte nun auch Lucy, die älteste der drei Weingartner-Schwestern, ihren Anteil verkauft. Lucy lebte seit Jahren im Altersheim. Auch seine Margrit, Gott sei ihrer Seele gnädig, war dort die letzten Jahre wie ein Gespenst durch die lichtgefluteten Gänge geirrt. Schön war es dort. Grosse Zimmer. Ausblick übers Dorf. Nettes Personal. Einmal am Tag wurde Fleisch serviert. Das alles hatte seinen Preis. Als Lucy das Geld knapp geworden war, hatte sie ihr Land verkauft. Monatelang war ein Wald aus Holzgiraffen auf der Bündte gestanden. Ausgesteckt gewesen waren drei Mehrfamilienhäuser. Letzte Woche dann hatte die Baufirma mit dem Aushub begonnen.

Es war eine Frage der Zeit, bis sie ihn fanden.

Den Jud.

Die Küchenuhr tickte.

Der alte Lysser schob sich ein weiteres Stück Brotrauft in den Mund, mehr aus Vernunft als aus Hunger. Er konnte sich nicht erinnern, wann er das letzte Mal Hunger verspürt hatte. Früher schon. Früher hatte der Hunger zu ihm gehört wie seine Gertel. Heute aber brauchte er kaum noch was. Er musste den Kühlschrank nicht öffnen, um zu wissen, dass er leer war. Eine angebrochene Tube Senf, Butter, ein halbes Glas Erdbeerkonfitüre, das ihm Melanie vor die Tür gestellt hatte. Melanie war seine Nachbarin. Ab und zu brachte sie ihm etwas vorbei, ein Stück Wähe, ein Rollschinkli zu Weihnachten, Marmelade, die ihm nicht schmeckte, weil sie zu süss war. Auch die Katzen vergass Melanie nicht. Hatte sie gebratenes Fleisch vom Abendessen übrig, stellte sie es in einer Schale vor den Gartenzaun, der ihr Grundstück von seinem trennte. Früher hatte sie die Schale direkt in seinem Garten platziert. Jetzt war dafür das Gras zu hoch.

Neben dem alten Lysser auf der Bank döste der Einäugige, fünfzehn Jahre oder älter, auf der Brust ein weisser, fünflibergrosser Fleck. Ein fruchtbarer Kerl, der alte Maudi. Vermutlich lauerte seine Nachkommenschaft gerade den fliehenden Mäusen auf der Bündte auf oder sie strich um die Abfallcontainer hinter Tschudins Metzgerei.

Ob Melanie zum Einäugigen schauen wird, wenn sie den alten Lysser holen kommen? Dann hätte sie endlich jemanden, den sie bemuttern könnte.

Es war ein Samstag gewesen. Das weiss er noch, weil er damals nicht in Eile war. Die Schulglocke schwieg und so konnte Fritz die Reisigbündel in Ruhe ausliefern. Auf dem Bloond, ein Jurahügel, der seinen runden Rücken im Westen des Dorfes in den Morgenhimmel buckelte, hatte sich der Mond in den nackten Zweigen der Kirschbäume verfangen. Es würde noch Wochen dauern, bis einem der üppige Blust den Winter vergessen liess.

Vor dem Rössli stand Vally am Brunnen und schöpfte Wasser für die Geissen. Neben ihr der Jud. Gemeinsam hielten sie den Holzeimer unter den dünnen Wasserstrahl, die Hände ineinander verflochten wie ein Weidenkörbchen. Vally hatte Fritz gar nicht kommen sehen. Sie hatte ihn auch nicht vorbeigehen sehen. Immerzu hatte sie den Jud angeschaut.

Das Bild von Vally und dem Jud hatte er den ganzen Tag nicht aus dem Kopf kriegen können. Am Nachmittag trollte er sich den Bach entlang und drosch mit seiner Gertel auf Haselsträucher und Rotbuchen ein, dass die Späne nur so flogen. Aber es half nichts, die Kerbe in seiner Brust blieb. Der Vater, blind für die niedergeschlagene Stimmung seines Sohnes, schickte ihn nach dem Abendessen nochmals raus. Der Winter sei lang gewesen, das Geschäft mit den Wellen habe zu lange brach gelegen. Er solle sich packen, hatte der Vater gesagt und dabei das schlimme Bein in einen Sud aus Kamille und Beinwell getunkt.

Im Wald hatte Fritz die Zweige tasten müssen. Nicht für eine Welle fand er Holz. Eine Wachtel im Unterholz gackerte, schien ihn auszulachen, da gab er auf. Auf dem Nachhauseweg kam er am Chellenmatthof vorbei und wählte von dort den Weg über die Bündte. Er hoffte, Vally in einem der erleuchteten Fenster ihres Elternhauses stehen zu sehen, Haare bürstend, den Nachthimmel betrachtend. Vielleicht, so dachte Fritz, würde das Bild in seinem Kopf von ihr und dem Jud dann verschwinden, überblendet werden von einem neuen Bild, einem schöneren Bild.

Das Gras unter seinen Füssen war noch kurz und saftlos. Jeder seiner Schritte knirschte leise.

Er stand und schaute. Die Kälte kroch ihm dabei unter den Tschoopen. Vally hatte er nirgends entdecken können. Dafür aber den Jud. Im Licht des runden Mondes stand der auf dem Feld, auf dem Vallys Vater Zuckerrüben zog. Die Erntezeit war lang vorbei, ab Ende September dauert sie hundert Tage lang. Was der Jud da in der Hand hielt, musste vom Frost und vom Tauwasser hinüber gewesen sein. Und doch, er hielt eine Zuckerrübe in der Hand. In derselben Hand, in der er am Morgen noch Vally angefasst hatte. Da war Fritz die Hitze aus dem Ranzen in den Kopf gestiegen, die Gertel fest in der Hand war er auf den Jud zugestürmt.

Beim Stehlen habe er den Jud erwischt, hatte er dem Vater noch sagen können. Dann hatte Fritz in den Steintrog in der Küche speien müssen. Viel war es nicht gewesen, was da aus ihm heraus und in den Abfluss gurgelte. Der Vater hatte ihn wortlos angesehen. Dann zog er sein Bein aus dem Sud im Ascheeimer, stieg in seine Überhosen und ging nach draussen. Lange war der Vater fortgeblieben. Fritz hatte gewartet und dem Ticken der Küchenuhr zugehört. Er war sich sicher, dass jeden Moment der Mob vor der Haustür stehen und nach ihm verlangen würde. Voller Angst hatte er sich gefragt, ob sie ihn wegsperren werden oder ob sie es sich so einfach mit ihm machen werden, wie er es sich mit dem Jud gemacht hatte.

Ob der Jud hinüber sei, hatte er den Vater gefragt, der hatte den Fuss noch im Stiefelknecht.

«Sag doch, ist er tot?»

«Hast du ihn verscharrt?»

«Du lässt doch nicht zu, dass sie mich wegen eines fremden Fötzels einlochen, oder?»

Der Vater hatte ihn nur geheissen, ihm aus den Augen zu gehen. So war Fritz zwar unwissend, aber ungeschoren davongekommen.

Das Leben im Dorf war einfach weitergegangen. Irgendwann wurden die Gerüchte leiser, über den Jud, der bei Nacht und Nebel verschwunden war. Fort sei er, mit den Taschen voller Wurst und Brot aus dem Keller des Rössli-Wirts, sagten die einen. Jemand habe ihm den Ranzen aufgeschlitzt und ihn verscharrt, sagten die anderen. Was mit dem Jud wirklich passiert war, hat aber niemanden interessiert. Er war ein Fremder gewesen und geblieben.

Vally sagte gar nichts. Nichts zum Verschwinden des Juds und auch sonst nichts mehr. Wenn Fritz unter ihrem Apfelbaum stehen blieb und sie ansprach, stierte sie unverwandt in den Himmel. Wer glaubt, Spott sei schmerzlich, der kennt die Qualen des Schweigens nicht.

Nur wenig später heiratete Vally Werner und Fritz zwei Lenze später Margrit. So war doch alles recht gekommen. Nur Kinder hatte Margrit ihm keine schenken können.

In dieser Nacht vor mehr als siebzig Jahren hatte er eine wichtige Sache gelernt: Das Dorf braucht jemanden, der danach schaut, dass die Dinge in Ordnung bleiben. Und wenn die Dinge aus der Ordnung geraten sind, dann musste dieser

Jemand dafür sorgen, dass sie wieder in Ordnung kamen. Das Glück oder das Unglück eines Einzelnen war dabei von untergeordneter Bedeutung.

So hatte er es dann auch während seiner eigenen Dienstzeit als Polizist gehalten. Stets war er darauf bedacht gewesen, die Ruhe im Dorf zu wahren. Ab und an kamen ein paar der Dörfler auf die Idee, das Recht in die eigenen Fäuste zu nehmen und einen Unruhestifter zur Vernunft zu bringen. Er liess es geschehen. Wenn der Geschlagene dann bei ihm auftauchte und Anzeige erstatten wollte, hiess er ihn, sich hinzusetzen, bot ihm eine Zigarette an und ermahnte ihn mit Nachdruck, sich still zu halten. So komme am schnellsten alles wieder in Ordnung.

Und hatte er nicht recht behalten? War nicht alles in Ordnung gewesen, all die Jahre seiner Dienstzeit?

Einmal Anfang der Achtzigerjahre, der alte Lysser erinnerte sich genau, war Vallys Tochter, Sandra, bei ihm aufgetaucht. Damals hatte sie ihre Haare noch hell getragen. So hell, dass sie beinahe weiss ausgesehen hatten. Hinter dem Mädchen hergedackelt war der Freddy, der arme Depp. Es war der Sonntag nach dem Unterhaltungsabend gewesen. Die beiden hatten ihn aus dem Bett geklingelt. Rasch hatte er sich den Uniformkittel übergezogen und Margrit eine Nachricht hingelegt, damit sie sich nicht sorgen musste, wenn sie von der Kirche heimkam, und war mit den beiden auf den Posten gegangen. Kaum hörbar hatte das Mädchen ihm erzählt, dass Max ihr etwas angetan habe und der Freddy sei ihr Zeuge. Sie wollte den Burschen anzeigen.

Er hatte Sandra ein Glas Wasser hingestellt und sie gefragt, ob es denn nicht sein könne, dass sie Max schöne Augen gemacht habe. Und ob sie denn nicht auch sehen könne, dass so ein kurzer Rock, wie sie einen anhabe, geradezu eine Einladung sei für einen jungen und vor Kraft strotzenden Mann, wie Max einer sei. Ob sie Max geküsst habe, hatte er sie gefragt. Und ob sie freiwillig mit ihm aus der Turnhalle und in die Nacht hinausgegangen war. Da hatte sie kaum merklich genickt. Ob sie denn folglich nicht das Gefühl habe, an dem, was passiert sei, Mitschuld zu tragen, hatte er sie liebevoll, aber mit gebotener Strenge gefragt. Da hatte sie verschämt zu Boden geschaut und war gegangen. Der Freddy war dümmlich lächelnd hinter ihr her getapst.

Wem wäre denn mit einer Anzeige geholfen gewesen?

Kurz darauf hatten die beiden geheiratet, Vallys Tochter und Max. Spätestens da hatte Fritz gewusst, dass er richtig gehandelt hatte. Aus dieser Geschichte hätte leicht ein schlimmer Streit entstehen können, der das Dorf am Ende entzweit hätte. Nun war stattdessen eine Verbindung gestiftet worden, die zwei Familien noch näher zueinander gerückt hatte. Sogar ein Kind war daraus entstanden, Roland.

Wäre die Nacht nicht gewesen, in der er mit ziemlicher Sicherheit den Jud getötet hatte, wäre er nicht Polizist geworden. Und wenn er nicht Polizist geworden wäre, dann wären all die Jahre danach nicht so friedlich verlaufen hier im Dorf. Also hatte sie doch Sinn ergeben, diese eine Nacht, wo er und der Jud sich auf diesem Zuckerrübenfeld begegnet waren.

Er hatte gehofft, dass er mit dreiundvierzig Jahren Dienst für das Gute diese eine schlimme Tat aufwiegen könnte. Die Geschichte mit Sandra hatte doch gezeigt, dass er immer nur das Beste gewollt und geschafft hatte: den Frieden im Dorf bewahren.

Nach seiner Pensionierung war er sich beinahe sicher gewesen, dass seine Schuld getilgt sei. Und jetzt das. Die Bündte wurde umgegraben. Seine Vergangenheit holte ihn am Ende doch noch ein.

Der alte Lysser knetete seine Hände.

Die Wärme, die durch die Reibung entstand, tat ihm wohl in den schmerzenden Gelenken.

Die Dunkelheit war plötzlich gekommen.

Er konnte kaum noch die Gertel vor sich auf dem Tisch erkennen. Die Sonne musste vom Himmel gefallen sein wie die
Ziegel vom Dach.

Das Ticken der Küchenuhr ein Spottgedicht.

Pass auf, der Wellenfritz, der macht dich tot mit einem Schlitz.

Er schlug das Brot ins Tuch und drehte das Radio aus.

Sie waren nicht gekommen, um den alten Lysser zu holen.
Heute nicht.

Vally

«Neben dem Mehl, Vally. Andere Seite, nein, hinter dir ... wart, ich helf dir.»

Die Verkäuferin – mit den langen blonden Haaren und der mit Sommersprossen übersäten Nase Vallys älterer Schwester Lucy wie aus dem Gesicht geschnitten – kam mit schnellen Schritten auf sie zu. An den Füssen trug das junge Ding Sandalen mit Korkfussbett und breiten Lederriemen über dem Rist. Darauf bedacht, dass sie die Sandalen trotz des hohen Tempos nicht verlor, hob sie die Füsse nicht vom Boden ab und so sah es aus, als würde sie auf den Bodenfliesen Schlittschuh laufen. Bei Vally angekommen, griff sie ins Regal hinter deren Rücken und legte eine Büchse russischer Salat in den Einkaufskorb, der an Vallys Unterarm baumelte.

«Warum stellt ihr auch den Laden um. So findet doch kein Mensch was.» Vally wandte sich ab und lief den Gang entlang, der vom Eingang her rechtwinklig durch den Laden und wieder zum Eingang zurückführte, vorbei am Kopiergerät, am Brotregal, an Glühbirnen, Buntmalstiften und der Kühltruhe, in der im Sommer die Eislutscher lagen. Jetzt im Winter stapelten sich darin Plastikboxen, auf den Deckeln Bilder von Vanilleeis, Himbeereis, irgendein Eis in Grün, so makellos runde Kugeln, wie Vally sie in ihrem ganzen Leben noch nie gegessen hatte.

«Wir haben nicht umgestellt, Vally», rief ihr die Verkäuferin lachend hinterher. «Die Büchsen stehen seit Jahren neben dem Mehl.»

Wütend knallte Vally ihren Einkaufskorb auf das Kassenband. Es gab keinen Grund, über sie zu lachen. Sie war eine Bertschi, gebürtige Weingartner, und als solche eine tüchtige Frau, die zudem Wert auf ein tadelloses Äusseres legte. Dazu kam, dass sie nicht dumm war. 1948 hatte sie, ein Mädchen vom Dorf, im städtischen Krankenhaus Telefonistin gelernt. Sie kann noch heute die Stimmen ihrer Bürokolleginnen hören – hell und summend, geschäftig wie ein Bienenstock. Lämpchen an, Zentrale, Dübendorf? Welche Nummer? Mit Voranmeldung? Ich verbinde. Der Krankenhausdirektor, der Herr Professor Doktor Ochs, hatte die Nummer 301 und der Gebärsaal die Nummer 249. Das hatte sich unauslöschlich in Vallys Gedächtnis eingebrannt. Lämpchen aus, Verbindung trennen.

Nach ihrer Hochzeit mit Werner hatte sie den Beruf aufgeben müssen. So hatte es das Gesetz gewollt. Das hatte ihr nichts ausgemacht. In der Metzgerei gab es mehr als genug Arbeit. Von Montag bis Samstag stand sie ab sieben Uhr morgens im Laden. In den zweiunddreissig Jahren, in denen Werner und Vally die Metzgerei führten, war sie nur die zwei Wochen nach Sandras Geburt nicht zur Arbeit erschienen. Da war Vally schon Mitte dreissig gewesen und hatte selbst nicht mehr daran geglaubt, dass ihr ein Kind bis zum Ende der Schwangerschaft bleiben würde. Danach packte sie wieder hinter der Fleischtheke an, die überknielange Baumwollschürze gekocht und mit Essig gebleicht, so weiss wie das Fettgewebe im geräucherten Rückenspeck. Darunter verborgen Vallys Beine, die sie noch wochenlang überkreuzt halten musste, so sehr schmerzte beim stundenlangen Stehen die Stelle zwischen ihren Beinen. Aber eine Bertschi liess sich keinen Schmerz anmerken. Das Haar zu einem gepflegten Knoten hochgesteckt, ein wenig Rouge auf den Wangen, so bediente sie flink und fehlerfrei. Zweiunddreissig Jahre lang hatte abends nie Geld in der Kasse gefehlt.

«Hast du alles?»

Die Verkäuferin, deren Name ihr gerade entfallen war, blickte sie fragend an. Vally beschloss, sie behelfsmässig Lucy zu nennen, bis ihr der richtige Name wieder einfiel.

«Was?»

«Ob du alles hast, was du brauchst?»

Vally verstand noch immer nicht, was Lucy von ihr wollte. Wieso kam die ihr überhaupt so nahe? Eingeklemmt zwischen Kühltruhe und Kassenband war es zu eng, als dass sie hätte ausweichen können, sollte Lucy es auf ihren Geldbeutel abgesehen haben. So was gab es, Vally hatte davon im Radio gehört, und seit so viele Fremde ins Dorf zogen, konnte man sich nirgends mehr sicher fühlen. Vorsichtig machte Vally einen Schritt rückwärts, da packte Lucy zu und entriss ihr, was sie eben noch in der Hand gehalten hatte. Vor Schreck quiekte Vally wie die Sauen, die Werner ab und an vor der Schlachtbank entwischt waren, und stolperte seitlich gegen den Stapel Einkaufskörbe, der sich auf seinem Rollwagen in das Regal mit den Hygieneprodukten schob und cremefarbene Flaschen aus dem Regal drückte.

«Alles gut, Vally. Ich will doch nur sehen, ob noch etwas auf deinem Einkaufszettel steht.»

Lucy streichelte über Vallys Oberarm, während sie mit zusammengekniffenen Augen den Zettel in ihrer Hand studierte.

«Kondensmilch, natürlich.» Schon schlitterte Lucy um die Ecke und ausser Sichtweite.

«Die mag Werner so gerne.» Vally musste sich am Rand des Kassenbands festhalten, bis die bunten Verpackungen um sie herum aufhörten, sich zu drehen. Sie war eine starke Frau. Ihr Herz schien das in letzter Zeit immer öfter zu vergessen. Vielleicht war es an der Zeit, sich von Doktor Mundschin einmal gründlich durchchecken zu lassen.

«Ich weiss.» Lucy legte die blau-weisse Tube aufs Band und räumte dann die Plastikflaschen zurück ins Regal.

«Der drückt die Kondensmilch aus der Tube direkt in den Mund.» Vally verzog angewidert das Gesicht. «Nimm doch wenigstens einen Löffel, sag ich ihm stets. Aber meinst du, der hört auf mich? Und wenn ich nicht aufpasse, verputzt er gleich die ganze Tube. Darum versteck ich sie im Haus.»

Lucy schwang sich auf den Drehstuhl hinter der Kasse.

«Irgendwann ist das noch sein Tod, der viele Zucker.» Vally legte die Büchse russischer Salat neben die Kondensmilch und beugte sich ein Stück vor.

«Weisst du, wo ich die Kondensmilch verstecke?»

Lucy schien einen Augenblick zu zögern, schüttelte dann aber den Kopf, sodass ihr die Haare wie flüssiges Gold um die Schultern flossen.

«Auf dem Regal im hinteren Keller versteck ich sie. Hinter den Einmachgläsern.» Vally richtete sich wieder auf und zwinkerte Lucy zu.

Lucy lächelte und zog die beiden Einkäufe über die viereckige Scheibe, die vor ihr in den Kassentisch eingelassen war.

«Macht fünf zwanzig, sei so gut.»

«Zwanzig Rappen hab ich.»

«Danke dir ... und einen Fünfliber zurück. Geht es dir so?»

Lucy stand auf, schloss die Kasse ab und winkte ihr über die Schulter zu, als sie im hinteren Teil des Ladens verschwand.

«Bis morgen, Vally.»

Die Schiebetür schloss sich hinter Vally. Die frische Luft vertrieb den Schwindel. «Bis nächsten Samstag», antwortete sie, ungeachtet dessen, dass Lucy sie nicht mehr hören konnte. Seit Jahr und Tag kaufte Vally samstags ein.

*

«Hier entsteht Ihr neues Zuhause» stand auf dem Schild, das auf der Bündte in der Erde steckte. Gleich daneben lagen die hölzernen Leiber der Apfelbäume der Länge nach hingestreckt, die Äste nackt und weit ausgebreitet.

Vallys Mutter hatte auch so dagelegen, damals während des Kriegs, beim Aufsammeln liegen gebliebener Ähren. Der Körper lang, die Arme von sich gestreckt, wie der Herr Jesus am Kreuz. Die Zöpfe, einst golden wie die ihrer Töchter, mit den Jahren matt geworden, schlängelten sich durch die trockenen Ackerfurchen. Der Vater hatte sie wie einen Sack Rüben über die Schulter geworfen und nach Hause ins Bett gebracht. Dort war sie zwei Wochen geblieben. Nie zuvor hatte Vally ihre Mutter so lange im Bett liegen sehen. Als sie wieder aufstand, zog sie das rechte Bein hinter sich her und ihr Gesicht hing schief an den spitzen Wangenknochen. Am deutlichsten konnte man es sehen, wenn die Mutter lächelte, was sie nur selten tat.

Was die Mutter nicht mehr schaffen konnte mit dem wehen Bein, mussten Vally und ihre Schwestern erledigen. Bei schönem Wetter zetteten sie den Mist der Geissen und der verbliebenen zwei Kühe, deren Rippen aus dem fleckigen Fell herausragten. Im Frühling hoben sie beim Anhaupt mit dem Karst eine Furche aus, damit der Vater den Pflug einsetzen konnte. Im Sommer halfen sie beim Heuen und bei der Apfelernte. Im Herbst mulchten sie die Zuckerrüben. War die Arbeit draussen getan, verteilte die Mutter Ämtli im Haushalt und am Webstuhl: Butter stampfen, Wäsche falten, Spüeli für die Webschiffchen machen. Einzig nach dem Mittagessen, wenn der Vater sich für eine halbe Stunde auf die Ofenbank legte, hatten die Mädchen freie Zeit. Meist schlichen sie in Strümpfen die Treppe runter, Lucy, die Älteste, Elly, die Mittlere, zuhinterst Vally. Leise zogen sie die Haustür hinter sich zu, schlüpften auf dem Vorplatz in ihre Holzpantoffeln und rannten auf die Bündte, wo sie auf die schuppigen Äste der Apfelbäume kletterten. Vally getraute sich stets am weitesten hinauf, dorthin, wo die Zweige nur noch daumendick und biegsam waren. Oben angekommen, stiess sie den Kopf durch die äusserste Blatthaut der Baumkrone. Über ihr der Himmel, der sich an seinen Rändern auf die dunklen Wipfel von Tannen und Kiefern stützte. Rundherum scheckig-grüne Jurahügel, der Bloond, der Murenberg, weiter oben der Wildenstein. So sehr Vally den Hals auch reckte, nirgends entdeckte sie unbekanntes Land.

Erwachte der Vater aus seinem Mittagsschlaf, bevor die drei Schwestern zurück im Zimmer waren, rannte er fluchend auf die Bündte, zog und schüttelte seine Töchter an den nackten Füssen von den Ästen, bis sie wie die Äpfel im Herbst vom Baum fielen. Dort, wo sie auf dem Boden aufschlugen, färbte sich das Fleisch dunkel.

Die Mutter sass derweilen am Tisch auf dem Vorplatz und schnitt mit hängendem Mundwinkel den Bohnen an beiden Enden die Zipfel ab oder bürstete Erdklumpen von den Kartoffeln.

«Warum dürfen Mädchen nicht auf Bäume klettern?»

Die Mutter hatte mit den Schultern gezuckt.

«Es ist halt so.»

Jetzt waren sie gefällt worden, die Apfelbäume.

Der Himmel über den feuchten Stämmen war ungewöhnlich gross. Nebelschwaden irrten haltlos über die Bündte.

Hier entsteht Ihr neues Zuhause.

Vally schüttelte den Kopf.

Hier war doch bereits ihr Zuhause.

*

Russischer Salat.

Salade russe.

Insalata russa.

Vally zählte die Büchsen nochmals. Sechzehn. Auf jeder Büchse klebte ein Preisschild: zwei Franken dreissig. Sechzehn Mal zwei Franken dreissig, das machte sechsunddreissig Franken achtzig. Werner sagte immer, seine Vally könne Kopfrechnen wie das Bisiwetter.

Wenn Sandra bei ihrer nächsten Inspektion – sie selbst nannte es Besuch – die vielen Büchsen entdeckte, würde sie wieder ausrufen, dass man es nicht mehr verantworten könne, Vally allein zu lassen. Was würden denn die Leute denken.

Welche Leute, fragte Vally jedes Mal. Es kamen keine Leute in ihr Haus. Sandra schaute einmal die Woche nach dem Rechten, ab und an kam ihr Enkel Roland auf einen Sprung vorbei. Die restlichen Besucher waren Vally davongestorben. Dies schien Sandra jedoch lediglich in ihrem Vorhaben zu bestärken.

Haushalthilfe.

Alterswohnung.

Pflegeheim.

Besser also, Vally versteckte die Büchsen.

Immer drei zusammen trug sie vom vorderen in den hinteren Keller. Eine Büchse rutschte ihr aus der Hand und kullerte gluckernd hinter den Ochsnerkübel. Vally würde sie später aufheben. Die Einmachgläser klirrten, als sie Werners Kondensmilch zur Seite schob, um Platz für die Büchsentürme zu schaffen. Auf den Glasbäuchen lag eine dünne Staubschicht. An Vallys Geburtstag hatte die Mutter stets ein Glas eingemachter Apfelschnitze geöffnet. Jeden Schnitz hatte Vally sich einzeln in den Mund geschoben, ihn bedächtig über die Zunge gewälzt und ausgesogen, den dickflüssigen Saft in kleinen Schlucken die Kehle runterfliessen lassen.

Seither schmeckte Glück nach eingemachten Äpfeln.

Später kochte Vally selbst Boskoop und Gravensteiner mit Zucker auf und goss die süsse Masse in Einmachgläser. Auch dann noch, als Werner ihren Anteil an der Bündte und mit ihm die Apfelbäume schon lange verkauft hatte. Die Immobilienfirma in der Stadt hatte sich all die Jahre nicht für die Bäume interessiert.

Im Winter servierte Vally die Apfelschnitze zum Hirschbraten oder zum Griessbrei. Wenn Werner nicht hinsah, schaufelte sie ihre Portion rasch auf den Teller ihrer Tochter. Sandras zufriedenes Schmatzen war ihr noch lieber gewesen als die eingemachten Schnitze.

Sandra war ihr einziges Kind geblieben.

Vally stieg langsam die Kellertreppe hoch und stützte sich dabei mit der Hand an der Wand ab. Dabei rief sie sich noch einmal in Erinnerung, dass sie noch sechzehn Büchsen russischer Salat hatte.

So rasch brauchte sie keine mehr zu kaufen.

Das durfte sie nicht vergessen.

*

Die Erdhügel, die sich aus der Bündte herausstülpten, nahmen Vally die Sicht auf den Chellenmatthof. Erst auf den zweiten Blick erblickte sie die Löcher daneben, die gelbzähnige Baggerschaufeln aus dem Wiesengrund gerissen hatten.

Der Jakob hatte auch gelbe Zähne gehabt. Das hatte ihn nicht am Lächeln gehindert. Oft hatte der gelächelt, eigentlich immer, wenn er mit ihr sprach. Ein wenig hatte Vally sich vor diesen Zähnen geekelt. Darum hatte sie ihm lieber in die Augen geschaut. Schwarzbraun wie die aufgeworfene Erde auf der Bündte.

Jakob hatte ihr im Jahr nach dem Krieg am Brunnen geholfen, den schweren Holzeimer für die Ziegen aus dem Trog zu ziehen. Dabei hatten sie geredet, mehr schlecht als recht, wegen der Sprache. Er sei geflohen, hatte Jakob erzählt, aus Deutschland. Er wolle nicht hier im Dorf bleiben, er wolle weiter zu einer Bekannten seiner Mutter. Die Bekannte wohne in der Stadt. Wo genau wisse er nicht, aber er würde sie schon finden. Vally hatte zugehört und gelächelt. Sie wollte nur freundlich sein. Es hatte ja sonst kaum einer mit dem Jud geredet. Ein andermal schenkte er ihr einen Zipfel Wurst. Als Vally Jakob erstaunt fragte, wo er den herhabe, zwinkerte der ihr nur verschmitzt zu. Vielleicht hatte er ja doch den Vorratskeller des Rössli-Wirts ausgeraubt, wie einige nach seinem Verschwinden behauptet hatten. Vermutlich aber hatte ihm die Wirtin, ein Herz von einer Frau, den Wurstzipfel zugesteckt. Was Vally aber mit Sicherheit wusste, war, dass Jakob nicht umgekommen war. Auf jeden Fall nicht durch die Hand des alten Lyssers, Fritz, wie sie ihn damals noch nannten.

In dieser Nacht hatte der Mond bleich und rund am Himmel gestanden. Am Morgen war Lucy und Elly die Milchkanne umgekippt, woraufhin der Vater den Rest des Tages gebrüllt und Ohrfeigen wahllos nach links und rechts verteilt hatte. Nicht mal die Mutter war verschont geblieben. Da hatte Vally sich nach dem Abendessen aus dem Haus geschlichen und war trotz der Kälte auf den Apfelbaum im hinteren Teil der Bündte geklettert. In den kahlen Ästen sitzend stellte sie sich vor, der Mond sei ein Abfluss, wie es im Stall für die Bschütti einen hatte. Wenn es ihr nur gelänge, sich weit genug in Richtung Himmel zu strecken, dann würde der Sog sie erfassen und ins Licht wirbeln.

Jakob hatte geächzt, als er die Rübe aus dem gefrorenen Acker gezogen hatte, der im Norden an die Bündte grenzte. Vally wusste, dass die Rüben nichts einbringen. Alle im Dorf wussten es. Nur der Vater wollte es nicht wissen. Die Dörfler nannten den Vater deshalb einen Duubel. Was hatte Vally sich geschämt für ihren Vater. Weil niemand die Rüben im vergangenen Dezember hatte kaufen wollen, hatte der Vater einen Teil der Ernte auf dem Feld stehen lassen. Eine dieser überwinterten Rüben zog Jakob aus dem Boden und klopfte mit der freien Hand die Erde von der runzligen Haut. Er warf kaum einen Schatten im Mondlicht, so dünn war er. Sie überlegte gerade, ob sie sich zu erkennen geben sollte, da war vom Chellenmatthof her eine zweite Gestalt auf den Acker gestürmt. Vally hatte ihn an der Gertel erkannt, die er stets bei sich trug. Der Wellenfritz hatte ihr in letzter Zeit schöne Augen gemacht.

Den Wortwechsel der beiden hatte Vally nicht hören können. Einmal streckte Fritz seine Hand aus, worauf Jakob die Rübe an seine Brust drückte und sich abwandte. Von hinten schlug Fritz mit seiner Gertel mehr auf Jakob ein, als dass er zustach. Jakob war nach vorne gestolpert, hatte die Rübe fallen lassen und war am Boden liegen geblieben. Fritz rannte davon, wie wenn der Teufel hinter ihm her wäre. Vally hatte sich nicht zu rühren gewagt. Nach einer Weile richtete sich Jakob auf. Drei Anläufe brauchte er, bis er zum Stehen kam. Die

Rübe liess er liegen. Ohne sich noch einmal umzuwenden, ging er davon. Das war das Letzte, was Vally von ihm gesehen hatte.

Kurz darauf war der Vater vom Fritz aufgetaucht. Der humpelte über den Acker und trat mit dem gesunden Bein gegen die Rübe, die Jakob ausgegraben und dann liegen gelassen hatte. Die Rübe kullerte nicht weit. Als sich Fritz' Vater unter ihrem Baum erleichterte, hielt Vally die Luft an. Er hatte sie nicht entdeckt. Mit seinem holpernden Gang entfernte er sich wieder in Richtung Chellenmatthof.

Vally dachte oft an den Jud. Wo war er hingegangen? Vermutlich in die Stadt. Ob er die Bekannte seiner Mutter ausfindig gemacht hatte?

Die Leute im Dorf redeten. Der Wellenfritz habe den Jud tot gemacht, sagten die einen. Der Jud habe sich mit den Vorräten des Rössli-Wirts auf und davon gemacht, sagten die anderen. Vally hatte die Leute reden lassen. Sie hätte erzählen können, was sie in jener Nacht vom Apfelbaum herunter beobachtet hatte. Doch wem wäre damit geholfen gewesen? Ihr bestimmt nicht. Solange die Dörfler sich über Fritz und Jakob das Maul zerrissen, vergassen sie für eine Weile ihren Vater und seine verfluchten Zuckerrüben.

Fritz hatte ihr auch danach noch schöne Augen gemacht. Aber so einen hatte sie nicht heiraten wollen. Einer, der wie ein Feigling aus dem Hinterhalt angreift. Und einer, der ihr ausser Wellen nichts zu bieten hat, auch nicht.

*

Was Vally im Sekretär im Wohnzimmer gesucht hatte, das war ihr entfallen. Gefunden hatte sie ihr Hochzeitsalbum, eingebunden in dunkelrotes Leder. 6. Oktober 1950. Werner, ein stattlicher Mann mit Zylinder und schneeweisser Fliege. Gut sah er aus. Sie trug über den Schultern einen Pelzbolero und im Arm einen Strauss Astern. Beides hatte Werners Familie bezahlt. Vallys Schwiegermutter war es bis zu ihrem viel zu späten Tod nie müde geworden, ihr das vorzuhalten.

An die Farbe der Blumen konnte Vally sich nicht mehr erinnern und das Foto war schwarz-weiss.

Ihre Schrift neben den Fotos – sie hatte sich Mühe gegeben, leserlich zu schreiben – erzählte von einem gelungenen Fest. Der erste Schritt im Freien.

Fröhliche Kutschenfahrt zur Kirche.

Nun ist das Jawort getan.

Welche Freude, meine Kolleginnen vom Damenturnverein.

Warum so ernst, Mutti?

Bonbons für die Kinder.

Was für ein Festmahl!

Der erste Tanz ein langsamer Walzer.

Lose zwischen den Seiten lag ein handgeschriebener Wunschzettel von Vally Weingartner und Werner Bertschi, unterteilt in Küche (Röstipfanne, Stielcasserole 20 cm Durchmesser, Fleischgabel, Gemüseständer), Waschen (Wäschezuber 52 Liter, Windelständer, Chintz-Wäschesack), Putzen (Putzkessel, Blocher, Schuhputzkasten), Diverses (Servierboy, Closettständer, Schirmständer, Hutablage). Vally vermutete, dass die Bleistiftkreuze am rechten Rand die Erfüllung des jeweiligen Wunsches markierten. Wo waren all die angekreuzten Dinge hingekommen – was war aus der Stielcasserole, dem Closettständer und dem Blocher geworden?

Sie würde Werner fragen müssen. Der hatte ein Gedächtnis wie ein Elefant.

Weiter hinten folgten Fotos von der Hochzeitsreise. Basel – Paris – Bordeaux – Marseille – Lyon – Genf und wieder zurück. Eine Postkarte mit dem Eiffelturm. Mit Kugelschreiber hatte jemand, vermutlich Vally selbst, zwei Strichmännchen auf die Turmspitze gezeichnet, eines trug Zylinder.

Etwas mit dem Titel «Folies Bergère, Vendredi Soirée» und «Loge» hatte eintausendzweihundertzwanzig Francs gekostet. Eine Papierserviette vom Hotel Terminus S.N.C.F. in Marseille.

Unter dem Titel «Lyon» klebte das Foto eines Denkmals. Der Rücken einer Frauenfigur, ein Zweig in der linken Hand, zu ihrer Rechten ein Löwe. Zwischen Kamera und Denkmal ein Rasenstück. Warum war Vally nicht um das Denkmal herumgelaufen und hatte es von vorne abgelichtet? War die Zeit knapp gewesen oder hatte sie sich ihre Schuhe beim Gang über den Rasen nicht dreckig machen wollen?

Sie blätterte eine Seite zurück. Bordeaux stand hier als Überschrift, darunter vier leere Fotokleber. Vally suchte im Kopf nach der dazugehörigen Erinnerung, schüttelte das Fotobuch. Nichts.

Mit der Fingerspitze fuhr sie über die leere Stelle zwischen den Klebern.

Der dunkelrote Nagellack war vom Nagel ihres Zeigefingers abgeblättert. Wie ungepflegt das aussah.

Das machte sie wütend.

*

«Da bist du ja.»

«Was?», irritiert blickte Vally zur Verkäuferin, die sich hinter der Kasse sitzend die Spitzen ihrer Haare vors Gesicht hielt.

«Dachte schon, du kommst heute nicht mehr.»

Vally legte eine Büchse russischer Salat in ihren Einkaufskorb. Sie verstand nicht, was die Verkäuferin von ihr wollte. Micha, so hiess die Verkäuferin. Vally erinnerte sich.

«Dem Werner seine Kondensmilch fehlt noch», sagte Vally bestimmt, als sie vorne bei der Kasse stand.

«Ich hol sie dir.» Micha stand auf, schob sich neben dem Kassenstuhl vorbei und verschwand zwischen den Regalen.

Micha hatte die gleichen Haare, wie sie ihre Schwester Lucy gehabt hatte. Auch Elly und Vally waren hell gewesen. Aber nur Lucys Haar hatte dieses goldene Schimmern gehabt, wie wenn sich abends die langen Sonnenstrahlen in den Weizenähren verhedderten.

Es war der letzte Sommer gewesen, in dem die Sirenen vor den deutschen Fliegern gewarnt hatten. Zu Hause gab es kein Radio. Vielleicht erschien ihr der Krieg deshalb so weit weg. Der Bruder vom Fritz war zu Beginn des Kriegs an der Grenze gefallen. Ein Unfall im Suff, so munkelte man im Dorf. Da war Vally noch ein Kind gewesen. Sonst hatte der Krieg das Dorf in Ruhe gelassen. Dem Heulen der Sirenen und dem Knurren ihres Magens war es zu verdanken, dass sie ihn nicht ganz vergass.

Nach dem Mittagessen hatten sich die Schwestern rausgeschlichen. Auf dem Baum sitzend bissen sie in die faustgrossen Äpfel. Schon konnte man die Süsse erahnen und noch hatten sie beim Kauen ein Gefühl im Mund, als hätten sie einen Ziegenpelz verschluckt.

Als die drei den Vater hatten heranrennen sehen, hatten sie gequietscht und die nackten Füsse nach oben gezogen. Lucy hatte er erwischt. Er zog und sie hielt sich fest, strampelte mit dem freien Bein durch die Luft. Dabei verfingen sich ihre Locken in den Zweigen. Als Lucy vom Baum fiel, riss es ihr eine fingerdicke Haarsträhne aus der Kopfhaut. Bald darauf wurden die Blätter gelb und fielen von den Ästen. Am Schluss trug der Baum allein noch Lucys Locke.

Ein goldener Wimpel, der in den Herbststürmen zitterte.

Danach war Lucy nie mehr auf einen Baum geklettert. Sie hatte mit gerade mal achtzehn Jahren Dieter geheiratet, froh, der elterlichen Armut und Strenge entkommen zu sein.

Elly hatte es ihr gleichgetan.

Vally hatte es ihren beiden grösseren Schwestern gleichgetan.

«Ist das dann alles, Vally?» Micha schob sich erneut auf den Kassenstuhl. Die Tube Kondensmilch legte sie vor sich aufs Kassenband.

«Danke. Das ist alles.»

«Macht fünf Franken zwanzig, sei so gut.»

*

«Die Baufirma hat angerufen. Halt still, bitte.»

Vallys rechte Hand lag auf einem Blatt Haushaltpapier, daneben zwei Wattebälle mit dunkelroten Nagellackflecken und eine Dose russischer Salat, die Sandra neben dem Ochsnerkübel gefunden hatte.

Sandras Kopf war tief nach vorne gebeugt, sodass Vally von ihrer Tochter nur die Haare sehen konnte, die wie Stacheln in alle Richtungen abstanden. Die Farbe erinnerte Vally an die schwarz schimmernde Fadenspule auf dem Webstuhl der Mutter.

Einst waren Sandras Haare hell gewesen. So lange war das schon her, dass Vally die Erinnerung daran vorkam wie eines der schwarz-weissen Bilder in ihrem Hochzeitsalbum. Zu weit weg, um noch ein Gefühl dafür zu haben.

Am Abend vor ihrer Hochzeit hatte Sandra sich die Haare abgeschnitten und die verbliebenen Borsten schwarz gefärbt. Gesehen hatte Vally es erst in der Kirche, als Max Sandras Schleier lüftete. Sandra hatte am Morgen ihrer Hochzeit darum gebeten, sich allein umziehen zu dürfen, und Vally hatte den Wunsch widerstandslos respektiert, froh, ihrer Tochter aus dem Weg gehen zu können.

Die schwarzen Haare hatten Vally gegolten, als Rache dafür, dass sie auf der Hochzeit bestanden hatte. Aber was hätte sie denn sonst tun sollen? Ein uneheliches Kind war schlecht für den Ruf der Familie, und was schlecht für den Ruf der Familie war, das war auch schlecht fürs Geschäft. Werner war ganz ihrer Meinung gewesen. Früher oder später müsse Sandra ja heiraten, hatte er gesagt, wieso also nicht jetzt. Max sei zudem ein anständiger Bursche, gesund, der habe seine Lehre als Elektriker und die Rekrutenschule abgeschlossen. An dem gebe es nichts auszusetzen. Dabei war es geblieben.

«Warum?», hatte Sandra gefragt.

Vally hatte mit den Schultern gezuckt.

«Es ist halt so.»

Solche Dinge passierten. Das war immer schon so gewesen.

Für die Familien der Mädchen war das nicht schön. Es war immer besser, wenn diese Dinge anderen Familien passierten und die eigene Familie verschont blieb. Doch nun war es der Familie des angesehenen Dorfmetzgers Bertschi passiert.

«Mutti, hörst du mir überhaupt zu?»

Sandra blickte auf und schob den kleinen Pinsel ins Nagellackfläschchen zurück. Hinter ihr warfen die Glaskristalle der Deckenlampe Regenbogenflecken an die Wand.

«Einer von der Baufirma hat angerufen und gesagt, er habe dich auf der Bündte gesehen. Du seist unter der Absperrung durch. Vor der Baugrube habest du gestanden. Andere Hand.»

Es war Vally so unangenehm, dass Sandra ihr die Nägel lackierte, wie es ihr angenehm war. Sie wollte nicht, dass Sandra wusste, wie stark ihr Sehvermögen bereits nachgelassen hatte. Wie abhängig sie geworden war von der Hilfe anderer. Gleichzeitig ermöglichte die Nagelpflege eine Nähe zu ihrer Tochter, wie sie seit Jahren nicht mehr möglich gewesen war.

«Es ist meine Bündte.» Es klang trotziger, als Vally es gemeint hatte.

Sandra richtete sich auf. Auf ihrem Kinn zitterte ein Regenbogenfleck.

«Was redest du da? Papa hat die Bündten in den Fünfzigerjahren verkauft, als ihr die Metzgerei ausgebaut habt. Weisst du nicht mehr?»

Stumm sahen sie sich in die Augen.

Sandra senkte zuerst den Kopf.

«Wenn du nicht stillhältst, mal ich dir wieder über den Nagel hinaus.»

Als Vally nicht antwortete, fuhr Sandra fort: «Es ist gefährlich, Mutti. Du könntest hinfallen und dir was brechen. Niemand würde dich finden bis am nächsten Morgen.»

Vally schaute zu, wie Sandra das Fläschchen zuschraubte und mit dem Blatt Haushaltpapier die Tischplatte vor sich sauber putzte.

Die Fingernägel waren schön geworden.

*

«Die Büchsen, Lucy. Wohin habt ihr die Büchsen geräumt.»
Lucy kam im Schlittschuhgang von der Kasse her.
«Micha!» Die Verkäuferin legte eine Büchse russischer Salat
in Vallys Einkaufskorb und strich ihr über den Rücken. «Ich
heisse Micha. Lucy war meine Grossmutter, deine Schwester.
Erinnerst du dich?»
Natürlich erinnerte sich Vally an ihre Schwester.
Es war Lucy gewesen, die sie an einem Sonntagnachmittag
im Frühling 1984 in knappen Sätzen darüber aufgeklärt hatte,
was alle anderen im Dorf längst wussten. Einige Tage schon
hatten die Leute hinter vorgehaltener Hand getuschelt, während sie in der Metzgerei darauf warteten, von ihr bedient zu
werden. Vally spürte die Blicke auf sich ruhen, die sofort ge-
senkt wurden, sobald sie diese zu erwidern suchte.
Mit streng nach hinten frisierten Haaren sass Lucy in Vallys
Wohnzimmer, auf dem Schoss ihre Handtasche. Nicht einmal
die Jacke hatte sie ausziehen wollen.
Als Vally ihre Tochter an diesem Abend zur Rede stellte, bestand Sandra unter Tränen darauf, dass Max sie gegen ihren
Willen geschwängert habe. Vally hatte müde abgewinkt.
Es spielte keine Rolle, wie es passiert war.
Es spielte lediglich eine Rolle, dass es passiert war.
Nun galt es, das Beste daraus zu machen. In so einem Fall war
das Beste immer eine Hochzeit, sofern das überhaupt mög-
lich war. Manchmal war der Vater des Kindes bereits verheira-
tet. Max war gottseidank ledig gewesen.
«Noch Kondensmilch?» Lucy blickte Vally erwartungsvoll an.
Vally öffnete den Mund und schloss ihn wieder. Warum um
alles in der Welt sollte sie Kondensmilch kaufen wollen?
Es schwindelte ihr und das Herz holperte in der Brust wie
früher der Karrenpflug über den Acker.
Die Hände schlotterten so sehr, sie musste Lucy ihr Portemonnaie hinhalten, damit die für sie die Batzen aus dem
Münzfach fischte.

Draussen auf dem Parkplatz drehte sich der wolkenverhangene Himmel und mit ihm die Schiefertafel, auf der die Aktionen notiert standen, im Kreis, immer im Kreis.

Eine Hand schob sich in ihre.

Der Wirbelsturm verlangsamte sich. Das Zittern verebbte. Vally blinzelte und fuhr sich mit der freien Hand über die Augen, die dabei etwas aufklarten. Neben ihr stand ein barfüssiges Mädchen mit blondem langem Zopf und einem Gewand aus grobem Stoff, Nessel oder Jute. Um die schmale Taille wand sich ein geflochtener Gürtel wie aus Stroh. Als es Vally anlachte, klang es glockenhell.

Eine Erinnerung blitzte auf, erlosch aber, bevor Vally diese fassen konnte.

«Wer bist du?», fragte sie. «Bringst du mich heim?»

Das Mädchen nickte und hakte sich bei ihr unter.

Vally atmete tief ein.

Von irgendwoher roch es süss. Ein Duft wie eingemachtes Glück.

Micha

Sie drehte dem Spiegel den Rücken zu und blickte über ihre Schulter nach hinten. Die schwarzen Leggings sassen straff über ihrem Po. Niemand würde merken, dass das Leder nur ein Imitat war. Zufrieden schob Micha ihre bestrumpften Füsse in die Pumps und nahm den beigefarbenen Parka vom Garderobenhaken. Sie schwitzte, noch bevor sie den Gürtel über der Taille verknotet hatte. Dennoch schloss sie die Knöpfe bis unters Kinn und lief auf diese Weise eingepackt zur Bushaltestelle. Esther hatte ihr nahegelegt, etwas diskreter zu sein, wenn sie in den Ausgang gehe. Esther war die Inhaberin des Dorfladens und Michas Chefin. Esther hatte einen ausladenden Busen, schneeweisse Haare, die sie einmal im Monat auf Lockenwickler drehte, und ein Lachen, das die Gurkengläser zum Klirren brachte. Esther meinte es nur gut mit Micha. Und Esther meinte es gut mit ihren Kunden, die von Michas aufreizender Aufmache irritiert sein und darum lieber ins städtische Einkaufszentrum fahren könnten. Esther hatte ein Geschäft zu führen, und das tat sie. Darum hatte sie Micha auch verboten, ihre Grosstante Vally darauf hinzuweisen, dass sie in ihrer Zerstreutheit neuerdings täglich im Dorfladen einkaufte und bereits ein halbes Vermögen in russischen Salat und Kondensmilch für ihren toten Mann investiert hatte. Der Kunde ist König. Sein Vermögen aber soll er im Laden lassen. So lautete Esthers Grundsatz.

Wegen Esther und deren Könige stand Micha nun also wie Aschenputtel im Parka an der Bushaltestelle und spreizte die Arme vom Körper ab, in der Hoffnung, dass sich unter dem dicken Stoff keine Schweissflecken bildeten.

Sie hätte auch mit dem Auto fahren können. Wie alle im Dorf besass Micha ein Auto, seit sie achtzehn Jahre alt war. Doch sie hatte ihre Prinzipien. Niemals fuhr sie alkoholisiert Auto. Und da Alkohol zu einer Feier dazugehörte, fuhr sie jeden Samstag fast eine Stunde lang mit dem Bus in die Stadt. Sie setzte sich in die hinterste Reihe, stemmte die hochgezogenen Knie gegen den Sitz vor ihr und stöpselte sich die Kopfhörer ihres MP3-Players in die Ohren. Vor einiger Zeit hatte sie sich zur Einstimmung auf den Abend eine Playliste angefertigt und diese «Freedom» genannt. Das war es nämlich, was der Samstagabend-Ausgang für sie bedeutete: Freiheit. Wuchtige Bässe stampften durch ihr Gehirn, während elektronisch verzerrte Stimmen die immer gleichen Textphrasen sangen. Unter der Woche hörte Micha andere Musik. Katie Melua zum Beispiel oder diese amerikanische Sängerin, die allein mit Gitarre von Sehnsucht und Liebe sang. Der Bus passierte das Schild am Dorfausgang. Micha öffnete den Parka und atmete tief ein und wieder aus.

Das Dorf lag hinter ihr.

Andy, der Türsteher, winkte sie durch. Seit ein paar Jahren kam sie regelmässig ins Kaboom. Als sie mit achtzehn das erste Mal in die Stadt tanzen ging, war sie im Tower gelandet und geblieben. Doch mit der Zeit war das Publikum dort immer jünger geworden und es war ihr zunehmend schwerer gefallen, sich an den vorherrschenden Musik- und Kleiderstil anzugleichen. Ein Klub war kein Ort, um aus der Reihe zu tanzen. Im Klub galt es das, was alle taten, anzogen und hörten, zu kopieren. Individualität war durchaus erwünscht, solange diese sich nicht zu sehr von der Masse abhob. Auf der Suche nach einer neuen Location mit Ü25-Altersbeschränkung hatte sie dann das Kaboom für sich entdeckt. Aber auch hier beschlich sie langsam das ungute Gefühl, dass der Anteil derjenigen, die auf der Tanzfläche wie Kinder aussahen, stetig wuchs. Sie selbst, das wusste Micha von Fotos namenloser Partyfotografen, sah zwar nicht älter, aber leider auch nicht jünger als Mitte dreissig aus.

An der Bar bestellte Micha einen Cuba Libre. Während sie wartete, hielt sie Ausschau nach Karin oder Tiziana. Beide hatte Micha hier im Kaboom kennengelernt. Karin wohnte in der Stadt, Tiziana irgendwo ausserhalb. Beide waren Single wie Micha auch. Tiziana – braune Haare, braune Augen, oliv-farbener Teint – hatte vermutlich italienische Wurzeln. Karin trug ein Tribal-Tattoo oberhalb des Steissbeins und schmink-te sich den Mund grösser, indem sie den Lipliner ein kleines Stück ausserhalb ihrer natürlichen Lippenkontur auftrug. Mehr wusste sie von den beiden nicht. Nicht einmal die Nach-namen. Mit keiner der beiden hatte Micha unter der Woche Kontakt. Wenn sie sich jedoch am Samstagabend hier im Ge-wühl trafen, rissen sie entzückt die Arme hoch, gaben sich drei Küsschen und machten bewundernde Gesten in Rich-tung des Outfits der jeweils anderen. Dann stellten sie sich nebeneinander an einen Stehtisch oder an die Bar, gingen zu zweit oder zu dritt auf die Tanzfläche, froh, einander gefun-den zu haben. Man machte einen deutlich weniger verzwei-felten Eindruck, wenn man nicht den ganzen Abend lang al-lein am Rand der Tanzfläche an seinem Drink nippte oder – noch schlimmer – ohne Begleitung inmitten all der fröhlich feiernden Gruppen und Pärchen tanzte. Erstaunlicherweise stiegen auch die Chancen auf einen Flirt gewaltig an, hatte man Begleitung. Kein Mann der Welt wollte an einem Sams-tagabend mit Einsamkeit und allem, was damit zusammen-hing – Bedürftigkeit, Anhänglichkeit – konfrontiert werden. Keiner hatte Lust, mit jemandem gesehen zu werden, der den Eindruck machte, als sei er bereits in der Schule stets als Letz-ter in die Volleyballmannschaft gewählt worden. Im Klub war man auf Erfolg aus. Eine Frau aufzureissen, die einsam he-rumstand, war kein Erfolg. Das war Verzweiflung, im besten Fall noch zu viel Alkohol. Das alles wusste Micha. Darum stell-te sie sich auf die Zehenspitzen, um irgendwo Karins blonden Lockenschopf zu sichten oder Tizianas mit Strasssteinen be-setzte Fingernägel, die sie beim Tanzen stets über ihrem Kopf durch die Luft schlängeln liess und dabei an eine orientalische Bauchtänzerin erinnerte.

Der Barkeeper schob ihr den Cuba Libre über den Tresen. Er war neu hier und kannte Micha noch nicht. In drei, vier Wochen würde er sie mit dem Vornamen ansprechen. Sie trank aus Prinzip nur Cuba Libre. Dabei schmeckte ihr Rum nicht mal besonders. Sie mochte einfach den Namen, Cuba Libre. Zudem war es gut, nicht lange überlegen zu müssen, wenn man von einem Typen auf ein Getränk eingeladen wurde. Niemand wollte sich mit einer Frau amüsieren, die erst noch die Getränkekarte und die verschiedenen Optionen bezüglich Preise und Inhaltsstoffe der einzelnen Drinks studieren musste. Samstagabend im Klub, das hiess Spiel, Spass, Spontaneität.

Micha träumte davon, das Dorf weit hinter sich zu lassen, nach Kuba zu fliegen und dort nur im Bikini und ohne angeglotzt zu werden Kokoswasser aus grünen Kokosnüssen zu schlürfen. Von Kuba hatte sie Bilder in Reiseprospekten gesehen, die mit der Gratispost ins Haus flatterten. Sie mochte das Meer und die Wärme. Vor ein paar Jahren war sie mit Freundinnen für eine Woche auf Rhodos gewesen, auf Mallorca sogar schon zwei Mal. Doch unterdessen waren ihre Schulfreundinnen allesamt verheiratet und hatten Kinder. Jede Einzelne sah heute zehn Jahre älter aus als Micha. Bei ihren Zusammentreffen – meist im Dorfladen – versuchten sie Micha vorzumachen, sie seien wahnsinnig glücklich. Dabei kaschierten sie mit viel Schminke die Augenringe, mit schallendem Gelächter die Enttäuschung über den eigenen Lebensentwurf und mit weiten Blusen die Speckrollen, die sich auf ihren vormals schlanken Taillen stapelten. Keine von ihnen würde mehr mit Micha nach Mallorca reisen, geschweige denn nach Kuba. Stefan kann doch nicht allein auf die beiden Jungs aufpassen, hiess es dann. Oder: Tanja schläft nachts noch nicht durch ohne ihre Mama. Und so weiter. Und dann war da ja noch die Sache mit dem Geld. Alle ihre Freundinnen hatten mit dem ersten Kind den Job an den Nagel gehängt. Wollten sie eine Woche in die Ferien, ein Wochenende nach Paris oder sich überspitzt gesagt auch nur eine Zeitschrift im Dorfladen kaufen, mussten sie ihre Männer um Erlaubnis fragen. Das war nicht weiter ungewöhnlich. Die meisten Familien im Dorf lebten ein klassisches Rollenmodell. Der Ernährer-Papa und die Hausfrau-Mama. Erst wenn die Kinder aus dem Gröbsten raus waren – was immer das auch hiess –, suchten sich die Mütter wieder eine Erwerbsmöglichkeit, möglichst tiefprozentig, der Haushalt sollte keinesfalls unter der neu gewonnenen Freiheit leiden. Michas Mutter etwa servierte alle paar Wochenenden im Cateringteam der Tschudin-Metzgerei. Andere putzten in den Sommerferien das Schulhaus oder übernahmen Büroarbeiten im mechanischen Betrieb in der Rosenegg. Die Lebensläufe der Ehefrauen und Mütter im Dorf waren erstaunlich identisch. Dennoch gab es eine Art Hackordnung wie im Hühnerstall. Die wenigen mit glücklichen Ehen hackten auf denen herum mit weniger glücklichen Ehen. Die mit den besseren Jobs hackten auf denen rum, die schlechtere Jobs hatten. Die, die eine Lehre abgeschlossen hatten, blickten auf die herab, die das nicht geschafft hatten. So war es ihre Mutter etwa nicht müde geworden, im Rahmen von Michas Erziehung ihre Cousine Sandra als warnendes Beispiel anzuführen.

Zieh dir etwas Anständiges an, du bist schliesslich nicht Sandra!

Du hängst also mit Sandras Jungen am Bach rum? Ja dann hoffen wir mal, dass er nicht so frühreif ist wie seine Mutter.

Seit ihrer Kindheit wusste Micha, dass man vieles werden durfte, nur nicht so wie Sandra.

Micha hatte es geschafft. Sie war nicht wie Sandra geworden. Sie war überhaupt nicht wie die anderen Frauen im Dorf. Mit Mitte dreissig war sie noch immer ledig und kinderlos, was ihrer Mutter aber auch nicht behagte. Micha konnte tun und lassen, was sie wollte, ihr Geld und ihr Körper gehörten ihr.

Damit das auch so blieb, hatte sie sich Prinzipien zugelegt. Drei, um genau zu sein.

Das erste und wichtigste Prinzip: Kein ungeschützter Sex. Niemals. Es gab keine Leidenschaft, die grösser war als dieses Prinzip. Da konnte der Mann noch so bitten und betteln, Micha blieb eisern. Einmal hatte sie einen Typen abgeschleppt, Mitte fünfzig, kahle Stelle am Hinterkopf, La-Martina-Polo-shirt, Fliegersonnenbrille auch weit nach Mitternacht, der hatte behauptet, sein Schwanz sei zu gross für ein Kondom. Sie hatte ihn eines Besseren belehrt. Ein anderer, Hornbrille, kaum Haare auf der Brust, kariertes Hemd mit Bügelfalten, hatte eine Latexallergie geltend gemacht. Im Nachhinein hatte sie dem armen Kerl recht geben müssen.

Dörfler sind tabu, so ihr zweites Prinzip. Sie wollte kein Gerede. Esther auch nicht.

Ihr drittes Prinzip war, dass sie alle Typen, die sie Samstagnacht mit nach Hause nahm, bei sich schlafen liess. Nicht mehr, aber auch nicht weniger. Manchmal hatte Micha das Gefühl, dass sie Männer überhaupt nur wegen der Stunden danach mit heimnahm. Sex, ja, das war nett, manchmal sogar besser. Anschliessend aber lag sie wach im Bett und lauschte den Geräuschen des schlafenden Menschen neben ihr. Dieses Ein- und Ausatmen, wie ein windiges Uhrwerk, das die Stille in kleine, erträgliche Stücke teilte. Sogar Schnarchen störte Micha nicht. Ein Arm, im Schlaf um sie geschlungen, bedeutete ihr ein paar Stunden Geborgenheit. Beim Sex war es ähnlich wie im Klub. Es galt, bekannte Geschichten auf eine Art und Weise nachzustellen, dass das Gegenüber sie als überraschend anders empfand. Eine Kunst, die Micha durchaus beherrschte. Danach aber erschlafften eingezogene Bäuche, sorgfältig frisierte Haare ringelten sich im Schweiss, die teuren Parfums und Aftershaves verzogen sich und machten dem Geruch von Körperflüssigkeiten Platz. Nach dem Sex rochen alle gleich. Verschwitzt und ehrlich. Das war die gute Zeit. Ab und zu entspann sich sogar ein Gespräch in diesen

regungslosen Stunden zwischen Nacht und Tag. Manchmal war das Gespräch sogar gut. Auf diese Art gut, dass Micha sich wünschte, mehr davon zu haben. Mehr in dieser Nacht und mehr in der Zeit, die darauf folgte. Doch das ging nicht, auch das gehörte zum dritten Prinzip. Nach dem Frühstück musste der Typ verschwinden. Egal wie sehr sie noch wenige Stunden zuvor geglaubt hatte, ihn zu mögen. Ein zweites Mal, ein Wiedersehen gab es nicht. Sie wusste doch, wie das lief. Sie kannte die Geschichten ihrer Freundinnen, ihrer Mutter, der anderen Frauen hier im Dorf. Alles begann mit einer Nacht, vielleicht nach dem Grümpelturnier oder dem Unterhaltungsabend des Musikvereins. Gab es danach ein Wiedersehen, eine zweite Nacht, waren Hochzeit und Kinder nicht mehr weit. Gewohnheit machte Liebe. Und Liebe machte Gewohnheit. Dann fehlte nicht mehr viel bis man dem einst geliebten Partner ein Kissen aufs Gesicht drücken wollte, damit dieser endlich aufhörte, im Schlaf diese Geräusche beim Atmen zu machen. Bis man sich vor der feuchtwarmen Umarmung des anderen ekelte und versuchte, im Bett so viel Raum wie möglich zwischen den Leibern zu schaffen.
Nicht immer fiel es Micha leicht, ihre Prinzipien einzuhalten. Gerade das letzte Prinzip hatte ihr schon oft das Herz gebrochen, wenn am Sonntagmorgen einer der Netten die Haustür hinter sich zuzog. Aber diese Prinzipien, das wusste sie, waren Garanten und der Preis für ihre Freiheit.

Sie spürte mehr als dass sie hörte, dass jemand mit ihr sprach. Ein Typ hatte sich vorgebeugt und rief ihr etwas ins Ohr. Seine Haare waren millimeterkurz geschnitten und im Gesicht trug er einen gepflegten Dreitagebart in derselben Länge. Die Augen waren grünblau und von langen Wimpern umrahmt. Er trug eine Jeans und ein schlichtes weisses T-Shirt ohne Markensignet oder grossflächigen Aufdruck. Das verriet ihr, dass er nicht vom Land kam. Die Stadt, der Klub, das war sein Habitat. Nichts an ihm wirkte aufgesetzt oder dekoriert. Nervosität schien ihm fremd zu sein. Jung war er und überraschend hübsch. So früh am Abend wagten sich in der Regel vor allem die Hässlichen, die Desillusionierten hervor. Der da vor ihr war keines von beidem. Mit dem Daumen zeigte er hinter sich zur Bar. Sie folgte ihm. Unter seinem Shirt zeichneten sich bei jeder Bewegung Muskeln ab. Nicht die Sorte Muskeln, die Mann sich im Fitnesscenter antrainierte. Es waren beiläufig gewachsene Muskeln, in Boulder-Hallen oder im Schwimmbecken.

«Was trinkst du?», rief er ihr zu.

«Cuba Libre», antwortete sie, ohne nachzudenken.

Er zog anerkennend die Augenbrauen hoch. «Eine Frau, die weiss, was sie will.»

Sie lächelte. Und er lächelte auch.

Während er auf die Getränke wartete, setzte sie sich weiter hinten im Raum in einen Lounge-Sessel, der gerade frei geworden war. Hier konnte man sich einigermassen vernünftig unterhalten. Sie sass selten hier. Im Klub unterhielt man sich nicht. Im Klub verschüttete man Pheromone. Der Bezug des Sessels war von dunkelroter oder violetter Farbe, so genau konnte sie das im schummrigen Licht nicht sehen. Um sie herum hingen sich Paare wortwörtlich an den Lippen und brachten sich gegenseitig zum Schweigen.

Geschickt balancierte er die beiden Gläser durch die Menge an Unentschlossenen zwischen Bar und Lounge. Unterwegs wechselte er ein paar Worte mit einer jungen Brünetten und sie sah, dass er Grübchen hatte, wenn er lachte.

Micha mochte Grübchen.

«Auf was trinken wir?»

Er stellte die Gläser auf das Tischchen vor ihnen und liess sich neben ihr in den Sessel fallen. Sie griff nach dem Cuba Libre und prostete ihm zu.

«Auf das Kaboom.»

Er lachte und erhob sein Glas, in dem Eiswürfel in einer durchsichtigen Flüssigkeit schwammen. Der einzige Farbtupfer war ein Minzblatt.

«Thomas», sagte er, nachdem er einen Schluck genommen hatte.

«Micha.»

«Wie alt bist du?» Er blickte sie neugierig an. Im Scheinwerferlicht leuchteten seine Zähne so weiss wie sein Shirt.

«Rate.»

Micha kannte die Regeln eines gelungenen Flirts. Informationen mussten zögerlich herausgerückt werden. Am besten machte man ein Geheimnis aus allem, auch aus dem Offensichtlichen.

«Fünfunddreissig.»

Mit einem weiteren Schluck Cuba Libre spülte sie ihre Enttäuschung hinunter.

«Hast du ein Problem damit?»

«Nein.» Er nahm ihre Hand. «Ich steh auf ältere Frauen.»

In seinem Gesicht entdeckte sie keine Spur von Spott.

«Soll ich dir aus der Hand lesen?» Er faltete ihre Finger auseinander.

«Was?»

Anstelle einer Antwort beugte er sein Gesicht über ihre Hand und fuhr mit der Fingerspitze über die Linien in ihrer Handfläche.

«Das kitzelt», sagte sie lachend und versuchte, ihre Hand zurückzuziehen.

Thomas hielt sie fest und sie beliess ihre Hand in seiner. Das Gefühl war nicht unangenehm.

«Deine Herzlinie verrät mir, dass du ein sehr selbstbewusster, aber kopflastiger Charakter bist. Vermutlich lebst du eher zurückgezogen.»

Sie nickte.

Er tippte auf eine Stelle unter ihrem Mittelfinger.

«Beruflich hingegen machst du was mit Menschen, das lese ich aus deiner Lebenslinie.»

Sie überlegte, ob ihre Arbeit im Dorfladen unter «etwas mit Menschen» fiel und befand, dass dem im weitesten Sinne so sei.

Thomas musste seine Lippen nahe an ihr Ohr bringen, damit sie ihn verstehen konnte.

«Deine Schicksalslinie ist aussergewöhnlich tief.»

Er hob den Kopf und blickte sie prüfend an.

«Und», lachte sie unsicher, «ist das gut?»

«Kommt darauf an.» Er legte ihre Hand auf den Samtbezug des Sessels zurück. Noch spürte Micha das Echo seiner Wärme auf der Haut.

«Auf was?»

Die Eiswürfel stapelten sich auf seiner Oberlippe, als er das Glas kippte, um einen weiteren Schluck zu nehmen. Das Minzblatt wirbelte nach oben zum Glasboden, nur um gleich darauf wieder in die Gegenrichtung zu purzeln.

«Auf was kommt es an?»

Er wischte sich mit dem Handrücken den Mund trocken und grinste sie an.

«Darauf, ob man mehr will als das hier.» Er machte eine ausladende Bewegung, die das Kaboom meinte.

Sie verstand nicht. Wieso sollte sie mehr wollen als das hier? Mehr als die Möglichkeit, hier zu sein, zu feiern und zu tanzen, sich Männer zu nehmen und sie wieder fortzuschicken, wann immer es ihr passte? Wusste er nicht, wo sie herkam? Aus einem knapp Fünfhundert-Seelen-Dorf, wo sie tagtäglich Gestelle mit Nudeln und Fertigsuppen aus Schachteln auspackte, Nudeln und Fertigsuppen über den Scanner zog, Nudeln und Fertigsuppen wieder auffüllte und abends das Internet nach erschwinglichen Outfits für den Samstag im Klub durchsuchte, wo sie für ein paar Stunden Nudeln und Fertigsuppen vergessen konnte. Wo Frauen heirateten und Kinder kriegten oder, wenn es nicht anders ging, dann in Gottes Namen halt umgekehrt. Wo sie mit Mitte dreissig schon als alte Jungfer abgestempelt war, weil sie sich dem vorgeschriebenen Plan bis jetzt verweigert hatte. Wo ihr schwuler Kindheitsfreund Roland noch immer so tat, als hätte er eine Freundin, die Tag und Nacht im Krankenhaus arbeitete und ihn deshalb nie besuchen konnte. Und alle spielten mit, weil eine erfundene Freundin immer noch besser war als gar keine Freundin, geschweige denn eine männliche Freundin.

«Schau», sagte er und griff erneut nach ihrer Hand. Beinahe hätte sie erleichtert geseufzt, konnte sich aber zurückhalten. So verzweifelt war sie nicht.

«Je tiefer deine Lebenslinie ist, umso kontrollierter und konsequenter bist du.»

Seine Hand war warm. Sie hoffte, sie würde nicht anfangen zu schwitzen.

«Und?»

«Und», er strahlte sie an, «Freiheit beginnt erst dort, wo die eigenen Grenzen enden. Konsequenz ist ein anderes Wort für Gefängnis.»

«Ich bin frei, weil ich konsequent bin», antwortete sie heftiger, als sie gewollt hatte. Sofort lächelte sie beschwichtigend und griff nach ihrem Drink. Emotionen waren im Klub eine heikle Sache. Nicht, dass sie verboten gewesen wären. Nur war ihre Bandbreite beschränkt: Freude und Verlangen. Mehr war nicht drin. Traurigkeit, Angst und Ärger waren der Welt ausserhalb des Klubs vorbehalten. Dieses ungeschriebene Gesetz machte den Klub erst zu dem, was er war: ein wummerndes Kleinparadies, in dem man sich ein paar Stunden frei fühlen durfte, sofern man zwanzig Franken Eintritt bezahlte.

Er zuckte mit den Schultern. Das Gespräch schien ihn bereits zu langweilen.

«Vielleicht bist du frei von Dingen, die du nicht sein oder tun möchtest. Negative Freiheit, verstehst du? Aber bist du auch frei für all das, was du dir insgeheim wünschst?»

Sie war verwirrt und starrte auf ihre noch immer geöffnete Handfläche, wie früher in der Schule, wo sie die Lösung der Prüfungsfrage als Spick auf ihre Hand gekritzelt hatte. Sie war keine gute Schülerin gewesen. Dabei war sie nicht dumm. Nur auf Kommando Wissen aus ihrem Kopf anzuzapfen, das war ihr nie gelungen. Ihren Eltern war es egal gewesen, schliesslich war sie ein Mädchen.

«Du siehst müde aus.» Er stand auf und zog sie vom Sessel hoch. «Komm, ich fahr dich nach Hause.»

Micha blickte aufs Handy. Es war kurz nach eins. So früh ging sie sonst nie nach Hause. Um diese Zeit trafen die meisten Feierwütigen erst im Klub ein. Ein spätes Eintreffen erweckte den Eindruck, man komme bereits von einer Party und sei dort nicht zufrieden gewesen, mit den Drinks, der Musik, den Leuten. Ein spätes Eintreffen verlieh einem das Prädikat «wählerisch». Und wählerisch sein war gut. Das stachelte den Jagdinstinkt derjenigen an, die Herausforderungen liebten: der Schönen, der Selbstsicheren, der Spieler.

Früh nach Hause gehen erweckte keinen Eindruck. Wer ging, der war weg. Punkt. Der Klub hatte kein Gedächtnis.

Doch Thomas hatte recht. Micha war müde. Sie wollte nach Hause. Und er hatte bereits die Autoschlüssel aus seiner Jeans gezogen und zog sie hinter sich her auf die bediente Garderobe am Ausgang zu.

Sie fuhren aus der Stadt hinaus und auf die Autobahn. Im Radio lief leise Musik und machte die Stille erträglicher.

«Alles okay?»

Er nahm seine Hand vom Schaltknüppel und legte sie auf ihr Knie. Seine Fingernägel waren gepflegt. Vielleicht arbeitete er bei einer Bank oder bei einer Versicherung. Vielleicht war er auch etwas anderes, Computerexperte oder Lehrer. Nur seine schwieligen Fingerkuppen passten nicht ins Bild. Sie mochte nicht fragen. Auch das eine Regel des Klubs. Man stand neben oder über den Dingen, die nicht explizit Spass bedeuteten. Ein Objekt der Begierde durfte nicht entzaubert werden.

«Ja.» Sie blickte geradeaus auf den Leuchtkegel, den sie vor sich herschoben.

In ihrem Kopf drehte sich das Gedankenkarussell. Was wünschte sie sich insgeheim?

Manchmal war sie einsam. Vielleicht auch öfter als manchmal. Am schlimmsten war es sonntagmorgens, wenn sie mit einer Zigarette auf dem Balkon stand und versuchte, die Erinnerungen ihrer berührten Haut zu löschen. Unter der Woche ging es besser. Da plauderte sie mit den Kunden, mit Esther, ab und an mit ihrer Mutter. In den letzten Jahren aber war das Leeregefühl in ihr stetig gewachsen. War es das, was sie wollte? Gestelle befüllen, Gefriertruhe putzen und am Samstagabend Kerle bumsen, die sie dann wieder in die Wüste schickte? Sie fragte sich, ob sich Klub und Dorf in ihren starren Regeln und Abläufen vielleicht ähnlicher waren, als sie bis anhin gedacht hatte. Dieser Gedanke machte sie müde oder traurig. Oder beides.

Micha wies Thomas den Weg durchs Unterdorf, vorbei am Werkhof und am alten Dinghof, in der das Elektrogeschäft von Max eingemietet war. Auf dem gepflasterten Platz davor stand ein Schild. Eine Steckdose mit Armen und Beinen zwinkerte ihnen zu und zeigte mit hochgerecktem Daumen in Richtung Rolands Wohnung, die gleich über dem Laden seines Vaters lag. Es brannte noch Licht.
Licht war es auch, was ihr als Erstes einfiel, wenn sie an Roland dachte. Warmes, zähflüssiges Licht. Dann der Geruch von Sonnencreme und das Gefühl, sich nicht verstellen zu müssen. Dort am Ufer des oberen Bachlaufs war anfangs alles leicht gelungen, das Reden, das Zuhören, das Schweigen. Was ihnen auf der Seele brannte, floss ruhig aus ihnen heraus, verdunstete in der Hitze wolkenloser Augusttage und verschwand. Danach hatte sie sich stets leichter gefühlt.
Ab und an floss Öl in den Bachlauf, nach einem Verkehrsunfall oder wenn ein Marder die Kraftstoffleitung eines Traktors angeknabbert hatte. Dann schillerten Pfützen auf dem Wasser, violett und grün, orange auch, wie die Flügel der Libellen. Daran hatte sie oft gedacht, als die Treffen mit Roland seltener wurden. Es schien, als hätten sie verlernt,

sich zu einer Einheit zu mischen. Als würden sie sich, obwohl im selben Bachbett eingeschlossen, gegenseitig abstossen. Dabei hatten sie sich nie gestritten. Sie hatten lediglich aufgehört, miteinander zu reden.

Thomas zog seinen Gürtel aus der Schnalle und schloff aus der Jeans, ohne Hosenknopf und Reissverschluss zu öffnen. Das Shirt legte er über das Fussende des Bettes, die Boxershorts liess er achtlos auf den Boden fallen. Als er zu ihr ins Bett stieg, warf die Strassenlaterne vor Michas Schlafzimmerfenster ihr fahles Licht auf ihn. Er war schön anzusehen, seine Küsse schmeckten gut. Es schien ihr gar, als meine er tatsächlich sie mit seinen Berührungen und geflüsterten Koseworten. Nach einem ansprechenden Vorspiel kniete er sich vor sie hin und faltete ihre Schenkel auseinander. Das war das Signal. Micha zog aus der Nachttischschublade ein Kondom. Sie legte Wert darauf, diese nach dem Kauf gleich auszupacken und die langen Verpackungsschlangen sorgfältig an den perforierten Stellen zu trennen. Es gab nichts Peinlicheres, als wenn Mann oder Frau das Zellophan über der Kondomschachtel nicht aufkriegte oder in der Aufregung gleich zwei aneinanderhängende Kondomverpackungen aufriss und dann nicht wusste, was mit dem zweiten glitschigen Latexwurm anzufangen war.
Sie streckte ihm das Kondom hin. Er behielt seine Hände auf ihren Knien.
«Nimm!»
Er nahm ihr das viereckige Tütchen widerwillig aus der Hand, machte jedoch keine Anstalten, es aufzureissen.
«Komm. Du willst das doch auch nicht.»
Er küsste ihr linkes Knie, dann ihr rechtes.
«Stimmt», sagte sie und schloss ihre Schenkel wieder.

Nackt stand Micha auf dem Balkon und rauchte eine Zigarette. Das Geräusch von Thomas' Auto verklang im Unterdorf.

Gas geben, Tempo drosseln, um den einzigen Kreisel im Dorf fahren, wieder beschleunigen, ein Stoppschild, dann blendete die Motorenmelodie langsam aus.

Schade eigentlich, die Masche mit dem Handlesen war originell gewesen.

Eine Gestalt überquerte die Hauptstrasse und schien dabei den Lichtkegeln der Strassenlaternen auszuweichen. Micha erkannte ihn trotzdem. Es war der Tschudin, der arme Kerl.

Sie drückte die Zigarette in den Blumenkasten, in dem sie jeweils im Frühling Basilikum aussäte, der dann meistens schon vor dem Sommer vertrocknet war, und setzte sich mit ihrem Handy aufs Sofa. Warum hatte sie ihn einfach so ziehen lassen? Würde er mit ihr reden, nach all dem, was zwischen ihnen passiert war. Oder genauer gesagt, nicht passiert war?

Es läutete drei Mal, dann hob er ab.

«Ja?»

«Hallo!» Sie räusperte sich.

Sie hörte leise Musik im Hintergrund.

«Micha? Bist du es?»

«Ja. Bist du noch wach?»

Einen Moment lang sagte er nichts. Aber Micha hörte Rolands ruhigen Atem, wie ein windiges Uhrwerk, das die Stille in kleine, erträgliche Stücke teilte.

Der Tschudin

«Es tut mir leid!»

Der Knall der zufallenden Haustür klang wie ein Schuss aus seinem Bolzenschussgerät. Gleich darauf schob sich mit einem endgültigen Schnalzen der Riegel ins Schliessblech. Der Tschudin lauschte, hoffte, dass der Lärm kein Echo in der Nachbarschaft fand, das Rattern eines Rollladens, der hochgezogen wurde, das Aufflackern einer Aussenlampe. Aber nichts regte sich. Die Nacht blieb leblos. Erleichtert atmete er aus und tauchte ein, in seine Atemwolke, die sich zwischen seinem Gesicht und der Tür staute.

Hatte Regula sich bereits ins Innere des Hauses entfernt oder war sie stehen geblieben, zwei Fingerbreit entfernt von ihm, das Ohr so wie er an die Haustür gedrückt?

Er wusste es nicht.

Auch wusste er nicht, was ihm leidtun sollte.

Das wusste er nie.

Ein dumpfer Schmerz kroch Tschudins Wade hoch bis in die Kniekehle, als er hinter dem Haus die nackten Füsse in Gummistiefel schob. Beim Versuch, die Kontaktfläche mit der eiskalten Sohle so klein wie möglich zu halten, krallte er die Zehen unter die Fusssohlen und verlagerte sein Gewicht auf die Fersen. Es war bereits Anfang Mai und die Temperaturen fielen nachts noch immer bis zum Gefrierpunkt. Hier, auf der von der Strasse abgewandten Seite des Hauses und unter dem ausladenden Schlafzimmerbalkon, der vor fünfundzwanzig Jahren ein Kaufargument gewesen war, den sie nun aber nie nutzten, war es finster.

Er klopfte sich ab. Kapuzenpullover, Unterhemd, Boxershorts, darüber seine ausgebeulte Trainerhose. In der Hosentasche ein Papiertaschentuch, verklumpt wie das Herz in seiner Brust. Kein Geld, keine Schlüssel, kein Feuerzeug, aber auch keine blutenden Kratzer oder Bisswunden. Das war mehr, als der Tschudin hätte erwarten können.

Vom Dorfzentrum her erklang die Kirchenglocke. Er zählte jeden einzelnen Glockenschlag mit, obwohl er wusste, wie spät es war.

Mitternacht.

Regula würde die Tür vor morgen früh nicht wieder aufschliessen.

Der Tschudin stieg über den Gartenzaun, der im Osten das Grundstück zum Akazienweg hin umschloss, eine schmale Stoppstrasse, an die nur zwei weitere Häuser angrenzten. Ob sie denn hier bei den Hottentotten seien, fragte Regula ihn jedes Mal zornig, wenn sie ihren Mann dabei erwischte, wie er wieder einmal zu faul war, das Gartentor zu öffnen. Und weil er um jeden Preis verhindern wollte, dass Regula zornig wurde, vermied er es, das Bein über den nur knapp hüfthohen Zaun zu schwingen. Heute aber kam es bei Gott nicht mehr darauf an. Seine Trainerhose blieb in einer Brombeerranke hängen und seine Finger waren bereits zu klamm, um den Baumwollstoff unbeschadet aus den Dornen zu befreien. Er hörte Stofffasern reissen, als er das Bein ruckartig zu sich heranzog, und setzte die Hose auf die Liste all der Dinge, die in Nächten wie dieser Schaden genommen hatten.

Salatschüssel

Küchenradio

Bilderrahmen ihres Hochzeitsfotos

Unterlippe

Handy

Suppenteller

Nasenbein

Tassen und Gläser

Wasserkocher

Unterarme

Trainerhose

Von der Strasse aus warf er einen kurzen Blick zurück zum Haus. Die lichtlosen Fenster glotzten ins Leere wie die Augen eines Kadavers. Vielleicht war Regula schon zu Bett gegangen. Vielleicht aber stand sie irgendwo am Fenster und blickte ihm nach, noch immer rasend oder bereits reuig.

Entschlossen schritt der Tschudin aus in Richtung Dorfzentrum. Den Lichtkegeln der Strassenlaternen wich er aus. Der Mond allein, halb und bleich, war heller, als es ihm lieb war. Ausser seinen gluckernden Schritten auf dem Asphalt war nichts zu hören. Das Dorf schien zu schlafen. Er musste dennoch auf der Hut sein. Auch nachts.

Vor allem nachts.

Niemand durfte erfahren, dass er seiner Frau nicht Herr war. Auch dann nicht, wenn es längst alle wussten.

In der Moosmattstrasse blieb der Tschudin vor der Hausnummer achtzehn stehen. Es war das Haus vom Vollenweider. Nicht selten sass der um diese Zeit noch in der Stube vor dem Computer. Mit einer Lesebrille auf der Nasenspitze hackte er mit zwei Fingern auf der Tastatur herum. An der Wand über dem Tisch hing ein ausgestopfter Hirschkopf mit prächtigem Geweih, ein 16-Ender, der schon in Vollenweiders Elternhaus, dem Chellenmatthof, über dem Esstisch gehangen hatte. Unter diesem Hirsch hatte Vollenweiders Vater mit sauber gezogenem Seitenscheitel vor jeder Mahlzeit das Tischgebet gesprochen. Komm Herr Jesus sei du unser Gast und segne, was du uns bescheret hast.

Zwei, vielleicht drei Mal war der Tschudin mit gefalteten Händen zwischen seinem Schulkameraden und dessen älterem Bruder Andreas auf der Esszimmerbank gesessen und hatte verstohlen zum Hirschkopf hochgespäht. Mit dem starren Blick, den es von oben herab auf die Tischrunde warf, hatte das tote Tier durchaus Ähnlichkeiten mit dem Hausherrn gehabt. Der Tschudin hatte sich vor beiden gleichermassen gefürchtet. Für den Herrn Jesus, der dem Essen jedes einzelne Mal ferngeblieben war, hatte er Verständnis gehabt.

Vollenweiders Bruder hatte sich einige Jahre später im Stall erhängt. Zwanzig Jahre alt war Andreas da gewesen. Den Grund für den Selbstmord kannte niemand, aber alle im Dorf waren sich sicher, dass es die Schuld des Alten gewesen war. Ein Sirach, der mit Worten genauso gut austeilen konnte wie mit der Peitsche.

Knapp zwei Jahre nach dem Bruder war Vollenweiders Mutter gestorben. Sie konnte nicht älter gewesen sein, als der Tschudin heute war. Mitte fünfzig, vielleicht jünger. Nach dem Tod seiner Frau soff der Alte sich ins Elend. Vor ein paar Jahren dann hatte ihn der Vollenweider gefunden. Am gleichen Balken wie damals den Bruder, den Seitenscheitel noch im Jenseits wie mit dem Lineal gezogen. Vom Hab und Gut seiner Eltern hatte der Vollenweider nichts behalten wollen ausser dem Hirsch.

«Der erinnert mich daran, dass es immer jemanden gibt, der über mich wacht. Und damit meine ich nicht den lieben Gott», hatte der Vollenweider gemeint, als der Tschudin ihn einmal darauf angesprochen hatte.

Der Tschudin hatte genickt.

Das war das Gute am Dorfleben.

Jeder passte hier auf jeden auf.

Das war das Schlechte am Dorfleben.

Neben Stehlampe und Lesesessel stand ein Notenständer. Falls der Vollenweider geübt haben sollte, hatte er danach sein Notenbüchlein in seiner Notenmappe verstaut. Vermutlich hatte er nicht geübt. Das machten die wenigsten im Musikverein. Sie waren Registerkollegen, der Vollenweider und der Tschudin. Jeden Donnerstag sassen sie Seite an Seite im Probelokal und pressten ihre Lippen an die Mundstücke ihrer Trompeten. Kurz vor einem wichtigen Konzert kamen die

Dienstagabende hinzu. Am Banntag liefen sie in der gleichen Rotte die Grenzen des Dorfes ab. Am Waldfest, das immer das Ende der Sommerferien markierte, waren sie beide für den Aufbau von Festgarnituren und Bühne verantwortlich. Auch hatten sie sich schon mit Leihgaben wie der Obstbaumleiter oder Partybänken unterstützt, so wie es im Verein üblich war. Und trotzdem waren sie keine Freunde. Nicht in dem Sinne, dass sie sich einander anvertrauten. Sich einander anvertrauen war eine schwierige Sache, wenn man sich bereits von Kindsbeinen an zu kennen glaubte. Zu fest eingebrannt waren die Bilder auf der Netzhaut des Gewohnheitstiers, das in der Brust von jedem Dörfler, ja vielleicht überhaupt von jedem Menschen schlummerte. So sah der Vollenweider im Tschudin nur den Metzger, der, ohne mit den Wimpern zu zucken, zitternden Lämmern den Bolzen zwischen die Augen schoss. Was der Vollenweider nicht sah oder nicht sehen wollte, war, dass der Metzger zwischen Sonnenuntergang und Sonnenaufgang selbst zum Lamm wurde.

Nein, Freunde waren sie nicht. Nachts aber, wenn der Tschudin sich die Stunden bis zum Morgen vertreiben musste, suchte er nicht selten Zuflucht in Vollenweiders warmgelbem Fensterviereck und schaute zu, wie der schrieb.

Die Leute im Dorf mochten es nicht gerne, dass der Vollenweider schrieb. Diejenigen, die dummes Zeugs redeten, hatten Angst, dass der Vollenweider aufschrieb, was sie da Dummes redeten. Und diejenigen, die schwiegen, fürchteten sich, dass der Vollenweider aufschrieb, was sie hätten verschwiegen und vergessen haben wollen.

Er hatte schon Prügel eingefangen wegen seiner Schreiberei, der Vollenweider. Erst wenige Monate war das her. Das hatte dem Tschudin leidgetan. Er hatte den Vollenweider sogar noch gewarnt, andeutungsweise zwar nur, aber immerhin. Was hätte er denn noch mehr tun sollen, wenn er nicht hatte der Nächste sein wollen? Er steckte in seinem Leben weiss Gott genug Prügel ein.

Der Tschudin trabte vor Vollenweiders Stubenfenster an Ort und Stelle. Er musste weiter, musste in Bewegung bleiben, um zu verhindern, dass er auskühlte. Der Schäferhund vom alten Imhof schreckte auf, als der Tschudin aus Vollenweiders Vorgarten hinaus und auf die Strasse trat. Dann erkannte das Tier den nächtlichen Besucher und legte seinen Kopf wieder auf die Vorderläufe. Auf der Kreuzung zur Murenbergstrasse näherte sich ihm ein Schatten. Rasch bückte der Tschudin sich hinter ein Auto, das am Strassenrand parkte. Der Strassenbelag unter seinen Füssen war ein Flickenteppich, der gegen den sauber ausgefegten Rinnstein hin ausfranste. Vorsichtig lugte er am Rücklicht vorbei, das sich mit Wassertropfen überzog, wenn er ausatmete und wieder klar wurde, wenn er einatmete. Ein Mädchen näherte sich, zwölf, höchstens vierzehn Jahre alt. In ihrem langen blonden Zopf verfing sich das Licht der Strassenlaternen. Der Tschudin fragte sich, was die Kleine um diese Uhrzeit noch draussen zu suchen hatte. Und warum um alle Welt trug sie weder Schuhe noch eine Jacke über ihrem Kleid, das wie eine Mönchskutte um ihre schmalen Glieder schlotterte? Sie sah aus, als käme sie aus einer längst vergangenen Zeit. Ihre Schritte waren nicht zu hören, auch nicht, als sie mit dem Tschudin auf gleicher Höhe war. Einen Moment lang glaubte er gar, sie habe ihn entdeckt. Hatte sie ihm zugezwinkert? Das konnte nur ein Spiel aus Licht und Schatten gewesen sein. Ihr helles Lachen flatterte durch die Nacht. Oder war das nur der Wind, der sich auf dem Balkon hinter ihm im Windspiel verfangen hatte?

Der Tschudin schloss die Augen. Als er sie wieder öffnete, war das seltsame Mädchen weg. Hatte Regula am Ende etwa recht und er war nicht mehr ganz richtig im Kopf?

Vorsichtig richtete er sich auf und schlüpfte in die Gasse, die zwischen zwei Häuserreihen hindurch in Richtung Feuerwehrmagazin führte. Zu seiner Linken schützte eine übermannshohe Buchenhecke die ordentlich gemähten Rasenvierecke mit ihren Rasensprengern und den Gartenzwergen vor neugierigen Blicken. Eines der Häuser hinter der Hecke gehörte Vally. Ihrem Mann, Werner, hatte er in den Neunzigerjahren die Metzgerei abgekauft. Sandra, Vallys Tochter, war Tschudins Angestellte.

Vor Jahren war ihm die Lehrtochter abgesprungen. Von einem Tag auf den anderen fehlten dem Tschudin zwei Hände, die wursteten, Fleisch ausbeinten, Fleisch abpackten, Fleisch verkauften. In der Metzgerei aufgewachsen, waren Sandra alle Handgriffe vertraut. Ihr Sohn Roland besuchte bereits das Lehrerseminar und sie war auf der Suche nach einem Verdienst. Sandra war Tschudins Rettung gewesen. Auch als er längst wieder einen Lehrling eingestellt hatte, war sie geblieben. Ab und an bediente sie Kunden im Laden. Meist aber arbeitete sie hinten in der Metzgerei, nahm gerupfte Hühner aus, füllte ihre leeren Bäuche mit trockenem Brot, Knoblauch und Apfelschnitzen und nähte die klaffenden Risse im Fleisch sorgfältig wieder zu. Am Ende sahen die Hühner aus wie unversehrt. Keine von Tschudins eigenen Wunden auf Unterarmen, Brust und Hals sah nur annähernd so sorgfältig geflickt aus.

Nach Feierabend sassen Sandra und er meist noch auf den Plastikstühlen vor dem Kühlraum und redeten. Beide hatten sie es nicht eilig, nach Hause zu kommen.

Wenn der Tschudin Sandra ansah, hatte er stets das Gefühl, auf dem Bölchen zu stehen, einem nur wenige Autominuten entfernten Aussichtspunkt auf den Kreten des Juras gelegen. Von dort aus konnte man an einem klaren Morgen einen Blick auf den mehr als 150 Kilometer entfernten Alpenkranz werfen. Ja, man glaubte gar, ihn anfassen zu können, so nahe schien er. So war es auch mit ihm und Sandra. Sie kamen sich nicht nahe, nicht körperlich. Aber der Raum zwischen ihnen war ungetrübt und leicht.

Würde der Tschudin nicht Gefahr laufen, sich lächerlich zu machen, hätte er behauptet, Sandra und er seien Freunde. In dem Sinne, dass sie sich einander anvertrauten.

«Macht es dir nichts aus, Tiere zu töten?», hatte sie ihn an einem dieser frühen Abende gefragt.

Er verneinte.

«Ich könnte das nicht. Dieses Brüllen und Stampfen. Und dann das Blut überall», sagte sie und schüttelte sich.

Der Tschudin zuckte mit den Schultern.

«Am Anfang, in der Lehre, da war's schon schlimm. Da hab ich angefangen, an schöne Dinge zu denken, um mich abzulenken.»

«An was denn zum Beispiel?» Im Licht der Neonröhre, die über der Kühlraumtür angeschraubt war, hatten Sandras Haare einen bläulichen Schimmer.

«An ein kaltes Bier in der Sonne», antwortete er und entfernte den Kronkorken seiner Bierflasche mit einem Schlag über die Tischkante. «An eine Nacht mit Sophie Marceau. Und daran, dass Beat endlich mal eins aufs Maul kriegt.»

Er prostete ihr zu und nahm einen Schluck.

Sandra lachte.

«Und heute?»

«Heute geht mir das Schlachten leicht von der Hand.»

«Du musst nicht mehr an schöne Dinge denken?» Sie versuchte ebenfalls, die Bierflasche am Plastiktisch zu öffnen. Nachdem sie zum zweiten Mal abgerutscht war, nahm er ihr die Flasche aus der Hand und öffnete sie mit einer ruckartigen Bewegung über die Kante seines Stuhls. Schaum quoll aus dem Flaschenhals und tropfte auf den Dolendeckel, der in der Mitte des Raums über dem Abfluss angebracht war und ein paar Zentimeter weit vom Boden abstand. Er konnte sich nicht erinnern, wie oft er die letzten Jahre schon über diese Dole gestolpert war. Repariert hatte er sie trotzdem nicht.

«Nein», hatte der Tschudin geantwortet. «Zum Glück nicht.»

Sandra hatte genickt.

Sie hatte ihn verstanden.

Sie hatte verstanden, dass es nicht viel gab, an das er hätte denken können.

Darum redete er gerne mit Sandra.

Das gab zu reden im Dorf.

«Wie ist Sandra denn so?», hatte Beat ihn einmal nach der Musikprobe gefragt und sich dabei genüsslich über den Schnauzer gestrichen. Schulter an Schulter sassen sie um den Stammtisch im Rössli.

«Hat sie ein Händchen für Würste?»

Sieben Augenpaare waren auf den Tschudin gerichtet. Einer stiess beim Versuch, dem Tschudin besser ins Gesicht schauen zu können, unter dem Tisch einen Instrumentenkoffer um.

Er hätte es abstreiten können.

Er hätte es abstreiten müssen.

«Und wie», hatte er gesagt.

Da hatten sie auf den Tschudin angestossen.

Er hatte gelogen. Aber mit der Wahrheit war es so eine Sache. Es gab so viele Geschichten im Dorf. Vor allem über Sandra. Nicht alle waren wahr, das wusste er. Ihn selbst hatten diese Geschichten nie interessiert. Nicht die, wo sich der Bursche am Mädchen vergangen hat. Und auch die nicht, wo sich das Mädchen kraft ihrer Reize ins gemachte Nest des Buben gesetzt hat. Die Geschichten interessierten ihn nur so weit, wie sie die Dörfler von ihm und seiner Frau ablenkten.

Der Tschudin überquerte die Hauptstrasse und lehnte sich an die alte Linde neben dem Dinghof. Auf ihrem Stamm hatte er Regulas Namen eingeritzt, drum herum ein schiefes Herz. Dreissig Jahre war das jetzt her.

Es gab Zeiten, da fühlte sich die Haut auf Tschudins Unterarmen an wie der zerfurchte Stamm der alten Linde.

Seinen Kollegen im Musikverein erzählte er dann, er sei von der Leiter gefallen.

Er sei mit dem Fahrrad gestürzt.

Ein Schlachtkalb habe ihn gebissen.

Regula erwähnte er mit keinem Wort.

Wie sie wüten konnte, seine Regula.

Dieses Brüllen und Stampfen. Und dann das Blut überall.

Am einfachsten war es auszuhalten, wenn er an etwas Schönes dachte.

An Sandra zum Beispiel.

Er stolperte an Max' Steckdosenschild vorbei, weiter zum Altkleidercontainer und zu einer ausrangierten Baggerschaufel. Der Wald hinter dem oberen Bachlauf ragte scherenschnittartig in das ausgebleichte Schwarz des Himmels. Am anderen Ende des Kiesplatzes stand der Bauwagen der Werkhofarbeiter. Der Tschudin hatte in der Vergangenheit schon Glück gehabt und der Wagen war unverschlossen gewesen. Im Innern eine Sitzbank, darauf durchgesessene Sitzkissen. Trocken und windgeschützt. Es gab schlechtere Orte, um eine Nacht zu verbringen. Er hatte den Bauwagen noch nicht erreicht, da sah er ein Licht. Dort, wo entlang des Bachbetts Kies und Mergel getrennt voneinander zu mannshohen Haufen aufgeschüttet lagen, schwebte es auf Brusthöhe in der Luft. Rasch machte der Tschudin einen Schritt zur Seite und drückte sich an den Altmetallcontainer, aus dessen Innerem sich etwas Spitzes zwischen seine Schulterblätter bohrte. Vom Unterdorf her näherte sich ein zweites Licht. Die beiden bläulich schimmernden Vierecke schwebten aufeinander zu wie Sternschnuppen am Nachthimmel. Um Armeslänge flogen sie aneinander vorbei. Eines der Lichter erlosch, das andere malte einen Schlenker in die Dunkelheit und beleuchtete für einen kurzen Moment zwei Gesichter, aneinandergepresst und ineinandergeschoben, dann sah der Tschudin nichts mehr ausser dem Echo des Lichts, das sich in seine Netzhaut gebrannt hatte. Er konnte nicht behaupten, dass er verwundert darüber war, was er gerade gesehen hatte. Das Gerücht war ihm bereits zu Ohren gekommen. Damals, als er zum ersten Mal gehört hatte, war er erstaunt gewesen. Jetzt, wo er mit eigenen Augen gesehen hatte, dass sich das Gerücht bewahrheitete, war er kaum mehr überrascht. So war das mit den Gerüchten. Sie leuchteten bunt und frisch wie die Werbespots im Fernsehen. Neben ihnen wirkte die Wahrheit wie ein Schwarz-Weiss-Film. Der Tschudin fragte sich, ob Sandra davon wusste. Vermutlich nicht. Sie war zu nahe an der Geschichte dran.

Er könnte es ihr sagen.

Er müsste es ihr sagen.

Aber er schwieg.

Er schwieg, weil er Sandra mochte.

Und er schwieg, weil alle schwiegen.

Ein Schlottern durchfuhr ihn. Sein rechter Arm zuckte ohne sein Zutun nach hinten und schlug an die Metallwanne in seinem Rücken. Dabei kam das spitze Ding zwischen seinen Schultern ins Rutschen. Metallflächen rieben aneinander und etwas Grosses fiel scheppernd zu Boden. Zwei Handys leuchteten auf.

«Wer da?»

«Ich», antwortete der Tschudin leise.

Die Lichter kamen näher.

«Tschudin?»

Mit der Hand schirmte der Tschudin seine Augen ab.

«Nimm das weg.»

René liess den Arm sinken.

«Was machst du denn hier um diese Zeit?»

«Nichts», gab der Tschudin zur Antwort und versuchte, das Klappern seiner Zähne zu unterdrücken. «Und ihr?»

«Auch nichts.» René räusperte sich. «Also doch, wir hatten Musikkommissionssitzung.»

Beide Hände in den Jackentaschen vergraben, die Wollmütze tief in die Stirn gezogen, blickte Roland auf seine Schuhe, die von Renés Handy angeleuchtet wurden. Gleich neben Rolands rechtem Fuss lag ein zusammengefalteter Liegestuhl, der Stoffbezug blau-weiss gestreift.

«Und?», fragte der Tschudin, bemüht, seiner Stimme einen unverfänglichen Ton zu geben.

«Was und?»

«Was habt ihr gemacht?»

«Wie gemacht?» René lachte nervös. «In der Musikkommission meinst du?»

«Ja», antwortete der Tschudin und stimmte in das Lachen ein, das aus seinem Mund wie Husten klang.

«Also», René holte tief Luft, «‹Der dritte Mann› haben wir aus dem Repertoire gekippt. Haben wir oft genug aufgeführt.»

«Gut», pflichtete der Tschudin ihm bei, «sehr gut. Der hängt mir zum Hals raus.» Und als niemand mehr etwas sagte, fragte er weiter: «Und das James-Last-Medley?»

René seufzte: «Das bleibt, Beat hat sich durchgesetzt.»

Alle drei traten sie von einem Fuss auf den anderen und lauschten dem Rauschen des Baches, der an dieser Stelle träge floss. Schon vor vielen Jahren hatte man ihn begradigt und drei Stufen eingebaut. Erst weiter unten beim Dorfausgang, wo der obere und der untere Bachlauf zusammenflossen, gewann er wieder an Fahrt.

Aus dem Bachbett quoll Nebel, als würde darin einer Gulasch kochen. Der Tschudin verdrängte den Gedanken an heisses Essen. Es kostete ihn auch so schon genug Kraft, das Klappern seiner Zähne zu unterdrücken. Morgen würde er einmal mehr Muskelkater im Kiefer haben.

«So», sagte René, «ich muss dann wieder. Muss ja morgen früh raus.»

«Ich auch», murmelte Roland durch seinen Schal hindurch, hob die Hand und verschwand mit immer schneller werdenden Schritten in Richtung Unterdorf.

René trat näher an den Liegestuhl zu ihren Füssen heran und leuchtete ihn mit seinem Handybildschirm ab.

«Wer wirft denn sowas weg, der ist doch noch ganz okay.»

Mit der Fussspitze trat er gegen das Metallgestell.

«Nimm ihn doch mit», sagte der Tschudin müde.

René richtete sich wieder auf. «Glaube nicht, dass Melanie das gut fände.»

Der Tschudin nickte.

Das Handylicht erlosch.

«Kann ich dich vielleicht noch irgendwohin mitnehmen?»

Der Tschudin winkte ab, was René nicht sehen konnte. Offensichtlich hatte der aber auch keine andere Antwort erwartet, denn das Knirschen auf dem Kiesboden verriet dem Tschudin, dass René sich bereits zum Gehen umgewandt hatte.

«Also ...», René zögerte einen Augenblick, «man sieht sich.»

«Man sieht sich», gab der Tschudin zur Antwort. Da war René bereits in der Finsternis verschwunden und der Tschudin wieder allein.

René und Roland.

Der Tschudin rieb sich die Hände.

Die Geschichte hatte wegen des Gerüchts, das ihr vorausgegangen war, zwar schon einiges an Wirkung eingebüsst. Bedeutend aufregender als die Geschichte vom geschlagenen und in die kalte Nacht verbannten Metzger war sie allemal.

Mit wenigen Schritten war er beim Bauwagen und rüttelte an der Klinke, die Tür war verschlossen. Er seufzte. Jetzt blieb ihm noch die Bürgerstube. War die auch nicht offen, würde er die gut zwei Kilometer zu Chantal laufen müssen.

Die Kirchenglocke schlug die Uhrzeit. Erst die Viertelstunden, hell und hastig. Dann die Stunde. Tief und träge.

Ein Uhr.

Chantal

«Zbohom, Mami», sagte Chantal zum wiederholten Mal, «auf Wiedersehen», als sie endlich das Klicken in der Leitung hörte. Sie warf das Handy aufs Bett und streckte seufzend ihren Arm, der von der angewinkelten Haltung schmerzte. Während sie sich am offenen Schlafzimmerfenster eine Zigarette anzündete, sah sie ihre Mutter vor sich, wie sie tausend Kilometer ostwärts mit ihrem steifen Bein durch die Küche humpelte, wo der Telefonapparat neben der Tür an der Wand hing. Auf der Anrichte der verschnürte Brotsack, der seit Chantals Kindheit der gleiche geblieben war, genäht aus einem ausgetragenen Hemd ihres Vaters, blassgelbe Karos, dazwischen Streifen in der Farbe dünnen Kaffees. Über der Anrichte das Küchenfenster, durch das die Mutter während des Gesprächs auf den Hühnerstall geblickt hatte, Fuchsspuren im Dreck rund um den rostigen Maschendrahtzaun. Ein halbes Dutzend Hühner zuckelten mit kahlen Stellen auf Rücken und Hals durch den Matsch. Weiter hinten standen drei Tannen, die ihre Spitzen ein Stück oberhalb des Fensterrahmens in den Himmel bohrten, überragt nur vom blassen Gipfel des Pol'ana.

Jeden Freitag um fünf Uhr telefonierten sie miteinander und die Gespräche folgten einem Protokoll, das die Mutter gleich nach Chantals Weggang vor bald achtzehn Jahren festgelegt und bis heute beibehalten hatte.

Erst bedankte sich die Mutter für das Geld, das Chantal wie jeden Monat in einen gefütterten Briefumschlag gesteckt und per Post in die alte Heimat geschickt hatte. Das müsse sie doch nicht tun, betonte die Mutter stets, sie habe ja wirklich alles, was sie brauche. Es fehle ihr an nichts. Nur der Boiler, der war schon alt gewesen, als die Mutter noch jung gewesen war. Ja der Boiler, der lecke und ächze, gerade so wie ihr Nachbar, der alte Otec, der im Sommer nach dem Abendbrot Hirtenweisen auf seiner Fujara blies. Wer weiss, wie lange der es noch mache, seufzte die Mutter und es war Chantal nie ganz klar, ob die Mutter den Boiler oder den alten Otec meinte.

Danach fragte die Mutter, wie es mit Chantals Patienten laufe. Sie wusste, dass die Mutter herumerzählte, ihre Tochter sei ein Seelendoktor. Reiste sie einmal im Jahr zu Weihnachten ins Dorf ihrer Kindheit, spürte Chantal die Blicke, die auf ihr ruhten und die zwischen Befremden und Bewunderung hin und her schwankten wie der Weihrauchkessel in der Hand des Geistlichen. Sie konnte die Gedanken in den gesenkten Köpfen um sie herum förmlich hören. Ein Doktor für die Seele? Was sollte das anderes sein als ein Priester? Unmöglich als Frau. Und doch sahen sie das neue Fahrrad der Mutter mit Gangschaltung und die glänzende Dachrinne aus Kupfer. Gottes Wege waren wahrlich unergründlich.

Hatte Chantal der Mutter ausreichend versichert, dass ihr Geschäft gut lief – dobrý, veľmi dobrý – ermahnte diese ihre Tochter, doch nicht so viel zu arbeiten. Chantal solle doch auch an sich denken und an eine Familie. Irgendwo dort im Westen müsse es doch einen netten Mann mit gesunder Seele geben. Und sonst sei Chantals Cousin Lubomir noch immer zu haben. Ein tüchtiger und gut aussehender Mann, der vor ein paar Jahren den Hof seines Vaters übernommen habe. Und so wie der mit den Lämmern umgehe, sei der bei Gott auch ein guter Vater.

Chantal war dieses Jahr 42 Jahre alt geworden und ihre Mutter betete noch immer für Enkel.

Sie blickte auf den Radiowecker neben ihrem Bett. Es blieb ihr noch reichlich Zeit. Ihr erster Kunde war auf zehn Uhr gebucht. Sie und Thomas waren noch in der Anwärmphase. So nannte Chantal die ersten Treffen, in denen sich beide Seiten darüber klar zu werden versuchten, ob die Zusammenarbeit angenehm und somit fortzuführen war. Vor ein paar

Wochen war Thomas das erste Mal bei ihr aufgetaucht, an einem Samstagabend weit nach Mitternacht. Chantal hatte an diesem Abend bereits drei Treffen hinter sich, war müde und hatte kurz überlegt, ob sie ihn noch an der Tür abwimmeln sollte. Er hatte versucht, cool zu wirken, doch seine raschen Blicke über die Schulter zurück zur Hauptstrasse, wo die vorbeifahrenden Autos von fünfzig auf achtzig Stundenkilometer beschleunigten, hatten ihn verraten. Er war jung, aber nicht zu jung. Und er war ausnehmend hübsch. Was zum Geier wollte er hier bei ihr.

Ihrer Mutter hatte Chantal erzählt, dass sich ihre Kunden bei ihr hinlegen und von ihren Problemen erzählen.
Das war nicht die Wahrheit.
Gelogen war es aber auch nicht.
Die Männer kamen in erster Linie, weil sie Sex wollten. Chantal hatte das Übliche im Angebot, nichts, was man zu Hause nicht auch bekommen konnte. Meist war die Sache rasch erledigt. Kam einer nicht zum Schluss, schob sie ihm den Finger in den Po. Das half immer. Danach aber blieben die Männer liegen und erzählten von sich und vom Leben im Dorf und all den kleinen und grossen Geheimnissen, die sich nur in den Stunden zwischen Sonnenuntergang und Sonnenaufgang erzählen liessen – und auch dann nur einer vermeintlich Fremden. Sie erzählten weitaus länger und ausschweifender, als der Sex gewesen war. Sodass es Chantal schien, der Sex sei lediglich Vorspiel zum eigentlichen Akt: dem Reden.

Sie hatte Thomas die Hand gereicht und sich vorgestellt. Chantal. Das war nicht der Name, den ihre Eltern ihr gegeben hatten. In ihrer Geburtsurkunde stand Katarzyna, nach der heiligen Katharina von Alexandrien, der Helferin bei Leiden der Zunge und Sprachschwierigkeiten. Und zu Ehren ihrer Grossmutter mütterlicherseits, die Polin gewesen war. Doch Katarzyna ging den Hiesigen nur schwer von den Lippen. Darum hatte sie ihre Klingel mit Chantal angeschrieben, das schien ihr sinnlich und diskret zugleich. Es gelang den Dörflern zwar nicht, den Namen so elegant auszusprechen, wie die Franzosen dies konnten, aber das störte Chantal nicht weiter. Dort, wo sie herkam, gab niemand auch nur einen Taler auf Eleganz.

In ihr Schlafzimmerfenster, das gegen die Strasse rausging, hatte sie ein rotes Neonlicht in Herzform gestellt. Mehr brauchte sie nicht, um arbeiten zu können. Sie hatte keine Puffmutter und keinen Zuhälter. Chantal hatte früh lernen müssen, für sich selbst zu sorgen.

Thomas' Hand war feucht gewesen und er hatte sie rasch zurück in seine Jeanshose gesteckt. In seinen schlichten, aber sichtbar teuren Kleidern hatte er nicht ausgesehen wie einer vom Dorf. Sie hatte ihn die Treppe hoch und ins Schlafzimmer geführt und hatte sich aufs Bett gelegt. Ihr Morgenmantel war scheinbar absichtslos über die Schulter gerutscht und hatte ansatzweise freigelegt, was sie zu bieten hatte. Er war angezogen vor dem Bett stehen geblieben, die Hände noch immer in den Hosentaschen. Er wolle ohne Gummi, hatte er gesagt und knapp über ihrem Kopf hinweg an die Wand geschaut, wo einst ein Bild mit zwei zum Gebet gefalteten Händen gehangen hatte. Ein Abschiedsgeschenk ihrer Mutter. Obwohl in diesem Raum weitaus intimere Körperpartien aus jeder nur erdenklichen Perspektive betrachtet wurden, hatten die mit feinen Bleistiftlinien gezeichneten Hände ihre Kunden irritiert. Darum hatte Chantal das Bild abgenommen. Jetzt leuchtete dort, wo der Rahmen einst die Wand bedeckt hatte, ein hellweisses Viereck, das sich vom Rest der von Sonnenstrahlen vergilbten Raufasertapete abhob. Die Abwesenheit des Bildes war nun beinahe noch augenfälliger, als es sein Vorhandensein gewesen war.

Chantal hatte lächelnd den Kopf geschüttelt. Sie war lange und durchaus gut genug im Geschäft, um sich den Luxus eigener Grenzen leisten zu können. Sie fürchtete sich natürlich vor Geschichten wie Chlamydien oder Genitalherpes. Eine Pilzinfektion aber, ungefährlich und doch unangenehm, war für sie ein mindestens so grosses Geschäftsrisiko. Ein Kunde, dem nach einem Treffen mit ihr der Penis juckte, war ein verlorener Kunde. Unter anderem darum hatte sie Sex ohne Kondom nicht im Programm. Sie spürte förmlich, wie Thomas sich in seiner Enttäuschung überlegte, gleich wieder zu gehen. Ihr Radiowecker zeigte kurz nach halb drei Uhr an. Es würde schwer für ihn werden, heute noch eine Kollegin zu finden, die gewillt war, ihn ohne Gummi ranzulassen. Er schien zum gleichen Schluss gekommen zu sein. Als Chantal einladend auf die Bettdecke klopfte, liess er sich seufzend neben sie fallen. Er mühte sich nicht lange mit einem Vorspiel ab, entkleidete sich und sie, schob sich rasch auf sie drauf und in sie hinein. Chantal hatte nicht einmal nachhelfen müssen. Danach hatte er sich neben sie gelegt und erzählt, dass er eben noch von einer Frau abgewiesen worden war. Eine aus dem Dorf mit blonden langen Haaren, Michel oder Micha oder ähnlich. Dabei hatte er die Tussi mitten in der Nacht aus der Stadt nach Hause gefahren. Seine Wangen hatten rot geleuchtet. Ob von der gerade geleisteten körperlichen Anstrengung oder vor Scham über die Abweisung hatte Chantal nicht erkennen können.

Thomas arbeitete als leitender Angestellter in der Versicherungsbranche, war gerade mal wieder Single und in seiner Freizeit fuhr er quer durchs Land, um sich ungesichert an steil aufragende Felswände zu hängen. Immer war er auf der Suche nach einem Weg, die bis zu seinem Eintreffen als unbezwingbar geltende Wand zu durchklettern. Nur er und das abweisende Gestein. Nichts als harte Arbeit, Schweiss und Schwielen, die Chantal spürte, wenn er über ihre Haut strich. Freiheit, hatte er geantwortet, als sie ihn gefragt hatte, warum er sich diese ganze Schinderei überhaupt antue. Freiheit und Nervenkitzel. Ein Leben am Limit. Sicherheit sei etwas für Feiglinge.

Als Kind hatte Chantal wie alle Dorfkinder die Ziegen und Schafe der Eltern hüten müssen. Am Morgen waren sie losgeschickt worden, stets zu wenig Brot und Käse in der Umhängetasche, und bevor die Sonne hinter der Tatry verschwunden war, durften sie sich zu Hause nicht blicken lassen. Mit Stöcken und Steinen trieben sie die Tiere die Weiden hoch auf Wiesen, wo sich die Gräser mit verholzten Stängeln gegen den Wind stemmten. Schauten sie nur einen Moment zu lange den Wolken hinterher, die ungehindert gen Westen davonzogen, war eines der Lämmer oder der Ziegen verschwunden. Wenn sie es fanden, stand es meist zitternd und blökend in einer Felswand und sie mussten hinabklettern und das verängstigte Tier hochtragen. Es gab diese Geschichten im Dorf von Kindern, die ins Tobel gestürzt und zu Tode gekommen waren. Wie sie dort lagen, von Raubvögeln umkreist, und niemand sie holen und in geweihte Erde legen konnte. Was hatte Chantal sich gefürchtet dort in der Wand. Aber ohne das besagte Lamm oder die Ziege nach Hause zurückzukehren, wäre undenkbar gewesen. Ein totes Kind war Gottes unergründlicher Wille. Eine tote Ziege war eine Katastrophe.
Was Klettern mit Freiheit zu tun haben sollte, war Chantal schleierhaft. Und Sicherheit war ein Luxus, den man sich erst einmal leisten können musste, bevor man daran denken konnte, darauf zu verzichten.

Heute nahm Thomas zum dritten Mal die zwanzig Kilometer Weg von der Stadt zu Chantal unter die Räder. Das war nicht ungewöhnlich. Thomas war nicht der einzige Städter, der ihre Dienste in Anspruch nahm. Vor Jahren, Chantal war erst kurz zuvor im Westen angekommen, hatte ein wohlhabender Kunde sie in ein Restaurant eingeladen. Dies war zu einer Zeit, als sie noch an das Märchen von Pretty Woman geglaubt hatte. Das Restaurant war ein Beispiel mitteleuropäischer Dekadenz gewesen, wo das Essen, für das man horrende Summen bezahlte, zur Nebensache verkam. Die Gaststube hatte keine

Fenster, kein Deckenlicht und lag in vollkommener Dunkelheit. Das Servicepersonal war durchwegs blind. Von den anderen Gästen sah man genau so wenig wie vom Essen oder vom Ambiente. Kaum hatten sie sich zu ihrem Tisch vorgetastet, pulte Chantals Begleiter bereits ihre Brüste aus ihrem Ausschnitt. Und was sie da an unflätigen und obszönen Gesprächen an den Nachbartischen mitgelauscht hatte, hatte ihren Eindruck bestärkt, dass sich die Triebe Bahn brachen, sobald die Menschen das Gefühl hatten, ungesehen und somit unerkannt zu sein. Chantal war sich seither sicher, dass die geografische Distanz, die ein Kunde zurücklegen musste, um ihre Dienste in Anspruch nehmen zu können, sich im Vokabular und in der Lautstärke des Gestöhns niederschlugen. Hier im Niemandsland getraute sich Mann zu sagen, was er im heimischen Schlafzimmer kaum zu denken gewagt hätte. Weit weg vom morgendlichen «Matcha Latte to go» im Pappbecher und den abendlichen Joggingrunden im Stadtpark durfte er brüllen wie ein brünstiger Bär und dem weiblichen Geschlechtsteil Namen geben, für die er den heranwachsenden Sohn – hätte der es gewagt, solch obszöne Worte in den Mund zu nehmen – mit Stubenarrest abgestraft hätte.

Sie nahm ihre Agenda aus der Nachttischschublade. Nur zwei Termine hatte sie für heute eingetragen. Das war nicht ungewöhnlich für einen Freitag. An den Wochenenden blieben ihre Stammkunden zu Hause. Wie hätten sie ihren Familien das nächtliche Fernbleiben auch erklären sollen? Meist kamen sie unter der Woche, nach der Musikprobe oder dem Training im Fussballclub, wenn ihre Frauen sie beim Schlummertrunk im Rössli wähnten. Ihr zweiter Kunde an diesem Abend war da eine Ausnahme.

An Freitag- und Samstagabenden empfing Chantal hauptsächlich Laufkundschaft. Ein unpassender Begriff, wie sie fand. Ihr Etablissement lag über dem Warenlager eines Getränkehandels und ein gutes Stück ausserhalb des Dorfes. Das Gebäude nannten die Dörfler Rosenegg. Vielleicht rührte der Name vom ausgewaschenen violetten Anstrich her, denn Rosenstöcke wuchsen hier weit und breit nirgends. In ihrer Nachbarschaft gab es einen mechanischen Betrieb, von wo je nach Wind der Duft von Schmieröl zu ihr rüber waberte, eine Selbstbedienungstankstelle und eine Sägerei, die schon nicht mehr in Betrieb gewesen war, als Chantal hier eingezogen war. Die Gebäude drängten sich dicht an die Hauptstrasse, die ohne Gehweg oder Fahrradstreifen schnurstracks ins nächste Dorf und darüber hinaus führte.

Chantals Kunden kamen mit dem Auto.

Alle Kunden ausser dem Tschudin. Der kam meist zu Fuss, durchgefroren und weniger an ihr als an ihrem warmen Bett interessiert. Nie meldete er sich vorher an. Alle paar Wochen klingelte er spontan und ohne Geldbörse in der Tasche an ihrer Haustür. Sie liess ihn rein, im Wissen, dass er ihr das Geld am nächsten Tag in einem Kuvert in den Briefkasten legen würde.

Nicht selten musste sie erst eine seiner Blessuren verarzten, bevor sie zum Geschäft kommen konnten. Danach lag er mit geschlossenen Augen auf dem Rücken und erzählte, wie es zu den Kratz- und Bissspuren gekommen war.

Eigentlich sei seine Regula eine Liebe, flüsterte er jeweils.

Das rührte Chantal. Die meisten Männer redeten schlecht über ihre Frauen. Nicht, weil sie den Frauen böse wollten. Vielmehr war es der Versuch zu erklären und zu entschuldigen, warum sie hier bei Chantal waren und nicht zu Hause. So schimpfte etwa Beat, der Briefträger, jedes Mal über seine Helen, die einem Blumenlieferanten schöne Augen mache, ja ihm geradezu nachsteige. Ganz so, als würde diese Tatsache – wenn es denn eine war – seine Besuche im Puff legitimieren. Chantal schwieg und hörte zu.

Im Lauf der Jahre hatte sie auf diese Weise viel über die Menschen im Dorf erfahren.

So wusste Chantal, dass der Tschudin im Schlaf redete. Dass auf seiner Brust nur vereinzelt, auf seinem unteren Rücken dichtes Haar spross. Sie kannte die Geschichten hinter seinen zahlreichen Narben und sie wusste, dass seine Vorhaut leicht verengt war, was jedes Mal besondere Sorgfalt ihrerseits bedurfte. Betrat sie jedoch einmal im Jahr die Metzgerei im Dorf – sie bevorzugte die Anonymität des Einkaufszentrums in der Stadt – taten sie so, als seien die zweihundert Gramm Kalbsleber, die er für Chantal in ein hellrosa Wachspapier wickelte, der erste und einzige Grund, ein paar höfliche Worte miteinander zu wechseln. Er ausnahmsweise der Verkäufer, sie die Kundin. In der Öffentlichkeit wurde Chantal gemieden. Sie war sich sicher, dass es weniger der Sex und mehr das Reden war, das sie einsam machte. Die Dörfler wussten, dass Chantal zu viel wusste.

Chantal blickte den Rücklichtern von Thomas' Auto nach, bis sie im Fensterrahmen verschwanden. Die Nacht war blickdicht. Strassenlampen gab es so weit ausserhalb des Dorfes keine und nur selten schnitten Scheinwerfer das satte Dunkel für einen kurzen Moment entzwei, bevor es wieder zurückschwappte wie das Wasser hinter einem Fährschiff.
Eine Stunde blieb ihr, bis ihr nächster Kunde kam. Früher hatte sie die Termine enger getaktet. Heute jedoch zog sie in aller Ruhe das Bett frisch an, stellte sich unter die Dusche, cremte sich erneut ein, legte etwas Parfum auf und betupfte den Eingang ihrer Vagina mit Gleitmittel. Nicht so viel, dass es dem Kunden verdächtig vorkam. Er sollte glauben, die Feuchtigkeit zwischen ihren Beinen sei ausschliesslich seiner erotischen Ausstrahlung zu verdanken. Bei Männern, die seit Jahrzehnten verheiratet waren, bewirkte die Tatsache, dass eine Frau unter ihren Händen feucht zu werden schien, ein wahres Feuerwerk im Hypothalamus.
Als es klingelte, warf Chantal einen letzten Blick in den Spiegel. Im sanften Licht der Rosenquarzlampe sah man die Dellen

auf ihren Oberschenkeln nicht, die sich in den letzten Jahren zu ihrem Leidwesen dort eingegraben hatten. Ihr helles Haar trug sie offen. Er mochte das so. Um ihren Hals trug sie die goldene Kette mit Katzenanhänger, die er ihr geschenkt hatte. Chantal drückte auf den Türöffner, hörte das Klicken der Haustür und seine Schritte, die die gefliesten Treppenstufen hochstapften. Sie roch ihn, bevor sie ihn sah. Davidoff, vermutete sie. Vor einigen Wochen war der Duft im Einkaufszentrum zwanzig Prozent runtergesetzt gewesen. Seither rochen einige ihrer Kunden auffällig nach dem gleichen Eau de Toilette. Das rote Shirt mit dem Hugo-Boss-Aufdruck, das er meistens trug, wenn er sie besuchte, steckte im Hosenbund seiner Jeans. Sie küssten sich auf die Wange und während er die Schuhe auszog, knipste Chantal das herzförmige Licht im Fenster aus.

Den meisten Männern fiel das Reden danach weitaus leichter als das Reden davor. Nach den üblichen Floskeln – Wie geht's? Was für ein Sauwetter – kehrte verschämte Stille ein. Diese Stille war diffizil, bot sie doch Raum für Gedanken und somit für Zweifel – Zweifel an der moralischen Richtigkeit, bei ihr zu sein, Zweifel an der eigenen Leistungsfähigkeit, die unweigerlich in wenigen Augenblicken gefordert sein würde, Zweifel daran, ob das viele Geld nicht anderweitig klüger investiert wäre, zum Beispiel in der Beiz. Chantal wusste das und erzählte deshalb ohne Punkt und Komma, was sie im Radio gehört hatte: Unfall auf der A2. Was sie am Vortag in der Stadt gesehen hatte: Der hübsche Käseladen unweit des Parkhauses, erst letztes Jahr eröffnet, hat bereits wieder zumachen müssen. Was da jetzt wohl reinkommt? Vermutlich einer dieser chinesischen oder türkischen Schnellimbisse. Eine Schande war das. Was sie vom Wetter ableiten konnte: Das wird eine gute Kirschernte geben heuer. Und während sie munter plauderte, zog der Kunde sich mit dem Rücken zu ihr aus. Es gab die Werfer und die Falter. Die Werfer rissen sich die Kleider vom Leib, wobei sich Ärmel und Hosenbeine meist von aussen nach innen stülpten. Achtlos warfen sie die grotesk verdrehten Hosen und Pullover auf den Stuhl in der Fensternische. Fiel das Kleidungsstück zu Boden, liessen sie es liegen. Die Falter hingegen stiegen mit äusserster Sorgfalt aus ihren Kleidern, als gelte es so wenig Aufsehen wie möglich zu erregen. Hosen wurden akkurat in die Bügelfalten gelegt und über die Stuhllehne gehängt, Hemden faltenlos darüber drapiert, Socken ineinandergestülpt, sodass sie aussahen wie frisch aus der Sockenschublade.

Max war ein Werfer.

Als er sich zu ihr umdrehte, hob sie die Bettdecke an, unter der sie bereits entkleidet lag, ohne dabei ihre Kritik an der neuen Verkehrsführung im Unterdorf zu unterbrechen. Sie konnte dem Kreisel keinen Vorteil gegenüber der Kreuzung abgewinnen.

Chantal verstummte erst, als er sich ihre Brustwarze in den Mund schob. Nun war der schwierigste Teil geschafft.

Danach lagen sie nebeneinander, sein Bauch an ihrem Rücken, seine Knie in ihren Kniekehlen, wie die Löffel in Mutters Besteckschublade. Seine feuchte Bauchdecke wölbte sich im raschen Rhythmus an ihr Kreuz.

Chantal mochte ihn. Er war ein angenehmer Mann. Nicht anspruchsvoll, zuverlässig und stets auf Körperhygiene bedacht. Er trank zu viel, das wusste sie, doch niemals, wenn er zu ihr kam. Er war einer ihrer ersten Stammkunden gewesen und ihr seither treu geblieben. Einmal im Monat buchte er bei ihr einen Freitagabendtermin.

«Du hast so schöne Haare», murmelte Max. «Immer schon hattest du so schöne helle Haare.»

Er atmete tief ein, als müsse er sich mit ihren Duftstoffen volltanken.

«Immer schon», wiederholte er.

Als Zeichen ihrer Zustimmung oder Zuneigung – die Interpretation überliess sie dem Kunden – drückte Chantal ihr Hinterteil noch ein Stück nach hinten an seine Leisten.

Verstohlen linste sie auf ihren Radiowecker. Es war bereits nach zwei.

«Lass uns», sagte er unvermittelt, «lass uns abhauen.»

«Was?» Sie versuchte sich zu ihm umzudrehen, doch er hielt sie weiterhin an seinen Körper gepresst.

«Wir hauen ab.» Er lachte heiser. «Genau, wir hauen ab.» Aufgeregt strich er ihr mit dem Daumen über den Oberarm, immer an der gleichen Stelle hoch und runter.

«Wir setzen uns ins Auto und fahren in den Süden. Vielleicht ans Meer, ja, ans Meer, genau. Südfrankreich. Oder besser noch Italien. Dolce far niente. Und wir sagen niemandem ein Sterbenswörtchen. Die werden Augen machen.»

Sein Lachen schlug in Husten um. Feuchte Atemluft drang stossweise an Chantals Hinterkopf. In seiner Brust rasselte es. Als er sich wieder beruhigt hatte, fuhr er fort: «Was hält uns denn? Sag schon. Was?» Er wartete ihre Antwort gar nicht erst ab. «Nichts hält uns. Gar nichts.»

Die Stelle an Chantals Oberarm, wo er seinen Daumen weiterhin in hoher Frequenz hoch und runter wedeln liess, fühlte sich wund an.

«Wir fangen nochmals ganz von vorne an. Und dieses Mal machen wir alles besser. Viel besser. Wir werden glücklich. So richtig glücklich. Was meinst du? Sag doch was, Herrgott noch mal.»

So viele Jahre lang hatte Chantal gehofft, dass einer kommen und sie rausholen würde aus dieser Wohnung über dem Getränkehandel, aus diesem Job und aus ihrer Einsamkeit.

«Ja», hauchte sie. «Ja, lass uns abhauen.»

«Abhauen, genau. Raus aus diesen alten Geschichten. Endlich raus hier.»

«Endlich raus hier», wiederholte sie seine Worte.

«Gleich morgen», fuhr er weiter. «Gleich morgen Abend hol ich dich ab. Pack deine Koffer. Nimm nur mit, was du brauchst. Badesachen. Strandtuch. Dann fahren wir durch die Nacht. Du und ich. Wir fahren immer weiter, bis es nicht mehr weitergeht. Bis ans Meer.»

Er setzte sich auf und hangelte nach seiner Unterhose.

«Morgen schon?» Sie setzte sich ebenfalls auf.

«Natürlich. Wieso noch warten?» Er drehte sein T-Shirt auf rechts.

«Ich», Chantal konnte ihm nicht in die Augen sehen, also tat sie so, als müsse sie den Gürtel in die Schlaufen ihres Morgenmantels einfädeln, «ich hab' doch keinen Koffer.»

«Was?»

Seine Haare, die er stets so sorgfältig über die kahle Stelle am Hinterkopf kämmte, hingen ihm auf der Seite übers Ohr. Er blickte sie ungläubig an.

«Ich habe keinen Koffer. Ich hatte nie einen. Bei uns im Osten...» Sie zuckte mit den Schultern.

«Dann kauf dir halt einen Koffer, Herrgott noch mal.»

Er lief zum Stuhl, wo der Rest seiner Kleider auf einem wüsten Haufen lag, und zog seine Geldbörse aus der Hosentasche. Das braune Leder glänzte speckig, wo es sich am Stoff seiner Hosen scheuerte. Er zog einen nagelneuen Geldschein hervor und legte ihn achtlos auf die Bettdecke. Das war der Preis für ihre Dienstleistung. Jetzt blätterte er sich erneut durch die Falten seiner Geldbörse und wedelte kurz darauf mit einem Fünfzigfrankenschein vor ihrer Nase rum.

«Reicht das?»

«Für einen Koffer?»

Sie zuckte erneut mit den Schultern.

Er fluchte leise, schob die Banknote zurück und zupfte zögerlich hundert Franken hervor. Chantal zog ihm den Geldschein aus der Hand, bevor er es sich anders überlegen konnte.

«Das reicht auch noch für eine Flasche Sekt.»

Als er sie fragend anblickte, fuhr sie augenzwinkernd fort: «Zum Anstossen. Auf unser neues glückliches Leben.»

Er nickte und zog sich an.

Als sich das Motorengeräusch in der Nacht verlor, öffnete Chantal den Wandschrank im Hausflur. Neben Staubsauger und Putzmittel bewahrte sie hier ihre Geldkassette auf. Den Geldschein für den Sex legte sie ins Fach unter den Münzeinsatz. Das war ihre Haushaltskasse. Den extra Hunderter für den Koffer aber schob sie in ein handgenähtes Stofftäschchen mit blassgelben Karos, dazwischen Streifen in der Farbe dünnen Kaffees.

Sandra würde Max ausschimpfen, wenn sie feststellte, dass wieder Haushaltsgeld fehlte.

Beim ersten Mal hatte Chantal ernsthaft gedacht, Max würde sie abholen kommen wie Richard Gere seine Julia Roberts. Ihre Kleider in einer Einkaufstasche verpackt hatte sie auf dem Bett sitzend auf ihn gewartet.

Stundenlang.

Als er einen Monat später wieder zu ihr kam, hatte er sich nichts anmerken lassen. Sie sich auch nicht.

Seither spielten sie dieses Spiel in unregelmässigen Abständen.

Sie war ihm nicht böse.

Nicht mehr.

Er bezahlte für den Sex wie alle anderen auch. Und manchmal bezahlte er einen Batzen extra für etwas Hoffnung auf Glück. Vermutlich hatte sich diese Hoffnung bereits in Luft aufgelöst, wenn er in seinem Auto den Rückwärtsgang einlegte, um aus der Parklücke auf der von der Strasse abgewandten Seite des Gebäudes auszuparken.

Chantal wog das Bündel Geld in ihrer Hand.

Sie träumte davon, sich eine Wohnung zu kaufen. Drei Zimmer mit Terrasse. Von den Wohnungen, die im Dorfzentrum auf der Bündte gebaut wurden, hatte sie sich ein Prospekt zuschicken lassen. «Hier entsteht Ihr neues Zuhause» stand in schwarzen Lettern auf dem Deckblatt. Die Preise waren nicht von schlechten Eltern, aber mit ihren Ersparnissen war sie vielleicht kreditwürdig genug, um eine Hypothek zu erhalten. Sie könnte allerdings auch zurück in die Heimat, sich dort zur Ruhe setzen. Mit dem Geld, das sie hier verdient hatte, liess es sich am Fusse des Pol'ana gut leben. Besser noch als hier im Dorf. Was es dort nicht gab, und das war vieles, könnte sie sich aus der Hauptstadt liefern lassen. Weiches Toiletten-papier etwa oder die in Honig gerösteten Erdnüsse, die sie hier im Westen so lieben gelernt hatte. Und wer weiss, viel-leicht war es tatsächlich noch nicht zu spät für ein Kind.

Sie sollte ihrem Cousin Lubomir einen Brief schreiben.

Chantal schob das Geldtäschchen in den Bauch der Geld-kassette und schloss den Putzschrank sorgfältig ab.

Ein Enkelkind würde die Mutter freuen. Sie hatte ja sonst alles.

Chantal hängte den Schlüssel des Putzschranks ans Schlüssel-brett neben der Gegensprechanlage.

Noch im Hausflur öffnete sie den Verschluss ihrer Kette und liess die goldene Katze vor ihrem Gesicht hin und her bau-meln wie ein Pendel.

Wohnung oder Kind?

Sie liess die Kette in die Schachtel gleiten, in der Max sie ihr überreicht hatte. Es war nicht die Originalverpackung ge-wesen.

Gleich am Montag, dachte sie seufzend, gleich am Montag würde sie zur Post gehen und erst mal einen gefütterten Brief in ihre Heimat schicken.

Gott allein wusste, wie lange Mutters Boiler es noch machte.

Beat

Auf dem Boden lag der Nebel wie die Haut auf dampfender Milch. An den Kirschbäumen um ihn herum hingen traubenweise Kirschen, dunkelrot, beinahe schwarz, mit Tautropfen überzogen. Kein Vogel flatterte im Geäst. Kein Insekt taumelte durch die Luft. Wo war er bloss? Und wie zum Henker war er hierhergekommen?

«Hallo?»

Nichts regte sich. Beat blickte in den diesigen Himmel und suchte zur besseren Orientierung die Sonne. Doch der Wolkenschleier über ihm war in allen Himmelsrichtungen mit demselben Goldhauch überzogen.

«Hallo!»

Es schien ihm, als sauge der Nebel seine Stimme auf wie das Löschblatt die Tinte im Schreibheft seiner Enkelin Julia.

Von fern vernahm er ein Pfeifen. Er drehte sich einmal um die eigene Achse, ohne feststellen zu können, woher die Melodie kam. Eine Umdrehung später nahm er eine Bewegung wahr, weit hinten, zwischen den feuchtschwarzen Baumstämmen. Beat kniff die Augen zusammen. Tatsächlich, da kam einer. Die Hände in die Hosentasche geschoben, trotz der niedrigen Temperaturen nur im Kurzarmshirt.

Einen Moment lang verschwand die Gestalt in der Flucht zweier nahe beieinanderstehender Bäume und nur das Pfeifen versicherte Beat, dass er sich nicht getäuscht hatte. Da war jemand.

Als der andere nur noch wenige Schritte von ihm entfernt war, erkannte er ihn. Das hiess, erkannt hatte Beat ihn bereits früher, doch hatte er es nicht wahrhaben wollen.

«Andreas», rief er und kniff ungläubig die Augen zusammen. Als Beat sie wieder öffnete, stand der andere vor ihm und grinste. Das blonde Haar fiel ihm über die sommersprossige Stirn und bis über die Augen, die dieselbe Farbe hatten wie die Rinde der Kirschbäume. Mit einer ruckartigen Kopfbewegung schüttelte er die Fransen aus dem Gesicht, die sogleich wieder zurückrutschten.

«Andreas», wiederholte Beat.

«Das sagtest du bereits.»

«Was», Beat versuchte seine sich überschlagenden Gedanken zu ordnen, «was zum Teufel tust du hier?»

«Dasselbe könnte ich dich auch fragen.» Andreas zwinkerte ihm zu und zeigte mit der Hand zwischen den Bäumen durch. «Komm, wir gehen ein Stück.» Er setzte sich in Bewegung und Beat folgte ihm. Wie alt mochte Andreas sein? Er sah keinen Tag älter aus als damals.

«Aber ...» Beat stand wie angewurzelt an Ort und Stelle.

«Aber was.» Andreas blieb ebenfalls stehen und blickte ihn über die Schulter hinweg freundlich an.

«Du bist tot.»

Da war er wieder, der Schmerz, der sich seit Jahrzehnten durch Beats Brust frass wie der Holzwurm durchs Gebälk seines Schlafzimmers. Nachts, wenn er nicht schlafen konnte, spürte er das zersetzende Raspeln mehr als dass er es hören konnte.

«Du bist doch tot, oder?»

«Ja.»

«Wo sind wir hier?»

Andreas seufzte.

«Auf halber Strecke zwischen dir und mir.» Er lächelte und musterte Beat von den Füssen an aufwärts. Knapp über Beats Stirn blieb sein Blick hängen.

«Sag, wo sind denn deine Haare hin?»

Er machte Anstalten, über die kahle Stelle auf Beats Hinterkopf zu fahren. Als der zurückwich, gleichermassen ärgerlich und erschrocken, legte Andreas seinen Kopf in den Nacken und lachte das heisere Lachen, das Beat vor sechsunddreissig Jahren das letzte Mal gehört hatte. Da sah er es, das dunkle

Band, gelb an den Rändern, das sich über Andreas' Adams-
apfel und um den Hals herumzog.

«Du bist tot.»

«Das haben wir doch schon geklärt.»

«Warum bist du dann hier?»

Andreas blickte nach oben in die Krone eines Kirschbaums,
ging in die Knie und sprang. Der Sprung eines jungen Mannes, leicht und kraftvoll und ohne Peinlichkeit. Er fasste mit
den Händen einen der unteren Äste und hängte sich daran.
Der Ast krümmte sich unter der Last seines Körpergewichts,
sodass die Kirschen nun direkt vor Beats Gesicht baumelten.
Genauso hatten sie es als Buben im Frühsommer immer gemacht. An den freien Nachmittagen waren sie mit ihren
Mopeds in die Plantagen gefahren, hatten sich die Bäuche
mit Langstielern und Schauenburgern vollgeschlagen und
sich im Gras neben den Bäumen liegend eine Zigarette geteilt, auf dem Filter violette Flecken von ihrer beider Lippen.
Das Zirpen der Grillen und die Schreie der Milane in den Ohren. Der Geruch der frischen Heumahd gemischt mit dem
von fauligen Kirschen, die die Wespen in Scharen anzogen.
Noch heute waren ihm diese flirrenden Stunden der Inbegriff
von Leichtigkeit.

«Nun nimm sie schon», ächzte Andreas, der am Ast hängend
mit den Beinen zappelte. Hastig pflückte Beat sich eine Handvoll Kirschen. Aus den Öffnungen, aus denen er die Stiele zog,
quoll blutroter Saft. Sein Magen rebellierte, dennoch schob er
sich eine Kirsche in den Mund und bot Andreas die anderen
an. Der winkte mit einem müden Lächeln ab.

«Warum bist du hier?» Beat spuckte den Kirschkern aus und
liess die restlichen Kirschen zu Boden fallen. Sie verschwanden lautlos im Nebel. Hätte Beat nicht den Boden unter seinen Füssen gespürt, er hätte zu schweben geglaubt.

«Du hast Pirmin verprügelt.»

Einen kurzen Moment verstand Beat nicht, von wem oder
was Andreas sprach. Da fiel es ihm wieder ein. Pirmin, das war

der Vollenweider. Niemand rief ihn jemals so. Nur Andreas hatte seinen jüngeren Bruder stets beim Vornamen genannt. Andreas war stehen geblieben und blickte Beat mit einem Blick an, der Tadel und Zuneigung zu gleichen Teilen vereinte. «Ist es das, was du unter aufpassen verstehst?»

Den Nachmittag vor dem Abend, an dessen Ende sich Andreas im Stall aufgehängt hatte, hatten sie zusammen verbracht. Es war ein aussergewöhnlich warmer Samstag Ende Oktober 1982 gewesen. Einer dieser rotgoldenen Tage, die einen vergessen liessen, dass sich die Nächte bereits mit Raureif schmückten.

Sie hatten beide die Rekrutenschule als Füsiliere hinter sich. Beat war gelernter Postbote, Andreas hatte eine Schreinerlehre absolviert, und beide wohnten sie noch zu Hause. Beat aus reiner Bequemlichkeit, Andreas weiss Gott warum. Ständig hatte er Streit mit seinem Alten, der nicht selten handgreiflich wurde.

Vor Kurzem hatte Beat mit Helen angebandelt und deshalb seinen Freund vernachlässigt. Sie hatten sich seit einigen Wochen nicht mehr getroffen. Doch an diesem Nachmittag hatte sich Helen verabredet und so lag er mit Andreas am Rand der Bündte, die zunehmend verwilderte, seit Werner und seine Frau Vally ihren Anteil an einen Immobilienmakler in der Stadt verkauft hatte. Blacken standen dicht an dicht, die bräunlichen Blütenrispen ins tief liegende Herbstlicht verkrallt.

Andreas schien ihm schmaler als sonst und über seine rechte Wange zog sich ein roter Striemen. Man erzählte sich im Dorf, der alte Vollenweider könne gut mit der Peitsche austeilen. Ob Vieh oder Mensch sei ihm dabei einerlei.

«Warum ziehst du nicht endlich aus?», hatte Beat den Freund gefragt.

Bis vor ein paar Monaten war Andreas mit einem Mädchen aus dem Nachbardorf gegangen. Beat erinnerte sich an die

Lücke zwischen ihren Vorderzähnen, durch die sie hatte pfeifen können, lauter als jeder Kerl. Sie war keine Schönheit im eigentlichen Sinn gewesen. Eher klein, breite Hüften und kaum Busen. Und doch war es, als werde es heller, wenn sie einen Raum betrat. Sie war wild und weich und zügellos. Andreas war stets neben ihr gestanden, wie der Mond neben der Sonne, dankbar, das Licht, das von ihr abstrahlte, reflektieren zu dürfen.

An dem Tag, als sie Andreas verliess, war etwas in ihm erloschen.

«Und wer passt dann auf Pirmin auf, wenn ich gehe?», antwortete Andreas und wandte sich auf den Ellenbogen gestützt Beat zu. Andreas roch nach Seife und nach der Zigarette, die sie sich geteilt hatten.

«Versprich mir eins», sagte er und sah Beat eindringlich an. «Sollte ich jemals von hier verschwinden, passt du auf meinen Bruder auf.»

Beat richtete sich ebenfalls auf. Gras klebte an seinen nackten Unterarmen. «Du willst weg?»

«Versprich es.»

«Ich verspreche es», antwortete Beat achselzuckend und sie liessen sich beide wieder auf den Rücken fallen.

Zwei Flugzeuge zogen ihre Bahnen. Die Kondensstreifen bildeten ein weisses Kreuz, das sich über ihnen aufblähte, den Himmel in sich aufsog und dann verblasste.

Beat hatte dem Gespräch nicht viel Bedeutung beigemessen. Viele träumten davon, das Dorf zu verlassen. Er kannte allerdings niemanden, der tatsächlich gegangen war.

«Hörst du mir überhaupt zu?»

Andreas hatte ihn am Oberarm gepackt.

«Ja», antwortete Beat und blickte auf die Stelle, wo Andreas' Hand auf seinem Hemd lag. «Ich hab' ja auf deinen Bruder aufgepasst.»

«Indem du ihn verprügelt hast?»

Andreas zog die Augenbrauen hoch und liess Beats Arm wieder los, was dieser bedauerte. Damals, als sie sich am Rand der Bündte und im Zwielicht die Hände geschüttelt hatten, war Beat im Kopf schon bei Helen gewesen. Er konnte sich nicht einmal mehr erinnern, ob die Verabschiedung herzlich oder nur flüchtig gewesen war, vermutete aber Letzteres. Jetzt, da er wusste, dass sie sich vermutlich nie mehr begegnen würden, wünschte er sich, selbst bestimmen zu können, wann es Zeit war, loszulassen.

«Es ist alles ihre Schuld», sagte Beat.

«Wessen Schuld?»

«Sandras.»

«Sandra?» Andreas runzelte die Stirn. «War das nicht die Kleine mit den hellen Haaren? Was hat die damit zu tun?»

«Er hat sich in sie verliebt. Aber sie sich nicht in ihn. Die war noch fast ein Kind, hatte nichts als Katzen und Blumen im Kopf. Das konnte jeder sehen, nur er nicht. Der dachte an nichts anderes mehr als an Sandra und litt wie ein Hund, der Vo...», Beat korrigierte sich, «der Pirmin. Richtig besessen war der. Du warst damals schon eineinhalb Jahre unter der Erde und deine Mutter von ihrer Krankheit bös gezeichnet. Als ich ihr eines Tages ein Paket an die Tür brachte, da hat sie mir geklagt, dass der alte Förster gedroht habe, Pirmin rauszuwerfen, wenn der nicht bald wieder den Kopf bei der Sache habe. Also hab ich den Pirmin beschützt, wie ich es dir versprochen habe. Ich hab Max auf Sandra angesetzt. Am Unterhaltungsabend hab ich mit ihm gewettet, dass er die Kleine niemals rumkriegt. Das war leichter als gedacht. Es ging ihm nicht um sie. Er wollte nur gewinnen.»

Andreas runzelte die Stirn.

«Und Pirmin?»

Beat seufzte.

«Genau weiss ich es nicht. Nicht gut, nehme ich an. Nur noch Haut und Knochen war er in diesem Frühling. Mit der Zeit hat er sich aber wieder eingekriegt. Im Sommer hat Sandra dann

Max geheiratet und dein Bruder die Lehre abgeschlossen. Danach hat er sich erst zum Gemeindeförster hochgearbeitet und heute ist er der Präsident der Bürgergemeinde.»

Andreas blickte zu Boden.

«Und wieso die Prügel kürzlich?»

Jetzt war es Beat, der sich in Bewegung setzte und geradeaus schritt. Er wusste nicht, in welche Richtung sie gingen, aber er hatte das dumpfe Gefühl, dass man an diesem Ort nicht lief, um irgendwo hinzukommen.

«Er hat sie nicht vergessen. Dein Bruder hat Sandra nicht aufgehört zu lieben. Auch dann nicht, als sie längst verheiratet und Mutter war. Irgendwann haben die tatsächlich was zusammen angefangen, Sandra und Pirmin. Wie lange das schon so ging, weiss ich nicht. Jahrelang vermutlich. Max Hörner aufzusetzen, war schon riskant genug. Aber dann hat der Trottel auch noch beschlossen, die Geschichte von damals aufzuschreiben und zu veröffentlichen.»

«Und was ist daran so schlimm?» Andreas streckte seinen Arm aus und liess beim Vorbeigehen seine Fingerkuppen über den zerfurchten Stamm eines Kirschbaums gleiten.

«Was daran so schlimm ist?» Beat rang nach Worten. «Ist das dein Ernst? Die Geschichte an sich ist nicht neu, zugegeben. Ein Kerl nimmt sich ein Mädchen. Das Mädchen will nicht. Der Kerl nimmt sie trotzdem, weil er es kann. Vielleicht auch weil er es muss, um überhaupt ein Kerl zu sein. Alle wissen davon. Ende. Diese Geschichte eben. Nur hat sie Pirmin anders erzählt. Er hat sie so erzählt, dass aus Sitte plötzlich Sünde und aus einem Sieger ein Sauhund wird.» Er schüttelte den Kopf. «Es gibt nun mal Dinge, über die man nicht spricht. Es hätte ihm weit Schlimmeres passieren können als das bisschen Prügel, wenn seine Geschichte veröffentlicht worden wäre.»

Er hörte, wie Andreas Luft durch die Nase blies.

«Zum Beispiel?»

«Zum Beispiel sind diesen Herbst Wahlen. Du weisst doch noch, da wird auch der Präsident der Bürgergemeinde gewählt.

Wenn Max sein Gesicht verliert, weil Pirmin ihn als Vergewaltiger hinstellt, dann Gnade ihm. Max ist vielleicht nicht mehr der Platzhirsch, der er früher war. Seine Stimme aber hat noch immer Gewicht im Dorf. Der hat den ganzen Musikverein hinter sich und die Frauen sowieso, wenn auch nur um der guten alten Zeiten willen. Und der Rest des Dorfes tut das, was alle anderen tun. Will Max nicht, dass Pirmin weiterhin der Bürgergemeinde vorsteht, dann wird er das auch nicht mehr. So einfach ist das.»

Andreas griff ihn von hinten an die Schulter.

«Darum hast du den Brief mit dem Manuskript abgefangen?»

Beat drehte sich um, vermied es aber, auf Andreas' Hals zu blicken.

«Sandra hat mir irgendwann vor Weihnachten völlig aufgelöst erzählt, dass sie auf Pirmins Computer die Geschichte entdeckt habe, und Helen hat mir einige Wochen später berichtet, der Vollenweider habe geheimniskrämerisch getan, als er ein Kuvert eingeworfen habe. Auf dem Kuvert stand die Adresse eines Verlags in der Stadt. Da hab ich den Brief verschwinden lassen. Das hätte mich den Job kosten können. Und damit er nicht noch mal auf so eine dumme Idee kommt, habe ich ihn verprügeln lassen. Ich habe Max erzählt, dass Pirmin meiner Frau nachsteigt. Eine Lüge, aber dein Bruder redet gern und oft mit Helen. Das weiss jeder im Dorf. Manche witzeln schon. Als Freund war es für Max eine Ehrensache, mir dabei zu helfen, Pirmin einen Denkzettel zu verpassen. Und der Tschudin, der brauchte keinen Grund, um sich zu prügeln. Hauptsache, er war für einmal nicht der Geprügelte.»

Sie waren stehen geblieben. Andreas griff seufzend nach seiner Hand. Beat verstand diese Geste im ersten Augenblick als Zeichen des Dankes.

«Weisst du, Beat, ich hatte viel Zeit zum Nachdenken. Ist ja nicht viel los hier.» Er deutete mit dem Kinn auf die Landschaft um sie herum und lächelte gequält. «Und eines habe ich unterdessen verstanden: Wir täten zeit unseres Lebens gut daran, besser auf uns selbst aufzupassen statt auf andere. Vergiss Pirmin. Vergiss auch mich. Pass von heute an nur noch auf dich auf, hörst du? Pirmin kann auf sich selbst aufpassen.»

Andreas liess seine Hand los.

Erst als sein Freund sich wegdrehte, begriff Beat, dass der dabei war, ihn zum zweiten Mal für immer zu verlassen.

«Warte.»

Tatsächlich blieb Andreas stehen, drehte sich um und legte fragend den Kopf schief. Dabei rutschten ihm erneut die Fransen ins Gesicht.

«Warum hast du dich ...?» Beat hatte das Gefühl, als stecke der Holzwurm in seinem Hals fest.

Andreas pustete sich die Haare aus dem Gesicht und dachte nach.

«Nicht alle verkraften den Verlust eines geliebten Menschen so gut wie mein Bruder. Gerade du müsstest das wissen.» Dabei versuchte er zu lächeln, doch es gelang ihm nicht recht.

«Hab ich...», Beat rang nach Worten, «war ich zu wenig für dich...»

«Nein», unterbrach Andreas ihn und winkte ab.

Beim Frühstück schwieg Beat. Er träumte selten. Und wenn doch, dann wusste er beim Erwachen meist nur noch schemenhaft, von was sein Traum gehandelt hatte. Letzte Nacht aber schien ihm mehr Erinnerung zu sein als Traum, so klar stand ihm alles noch vor Augen, Andreas' Stimme, sein Lachen, seine Worte. Und obwohl er wusste, dass er nicht dagewesen war, nicht dagewesen sein konnte, schmerzte ihn der nächtliche Abschied von seinem Freund beinahe so sehr wie vor sechsunddreissig Jahren. Es war seine Mutter gewesen, die ihm damals die Nachricht von Andreas' Tod überbracht hatte. Am Sonntagabend war sie in sein Zimmer gekommen,

in dem er sich gerade für seine Verabredung mit Helen her-
richtete. Er war an diesem Abend nicht zu Helen gefahren.
Stattdessen hatte er sich mit einer Flasche Kirsch im Keller
verkrochen. Auch am folgenden Abend und an den Abenden
danach. Irgendwann war er der Fahne wegen vom Kirsch auf
Wodka umgestiegen, das Ritual war jedoch geblieben. Kurz
vor dem Schlafengehen, wenn Helen und später auch die Kin-
der bereits in den Betten lagen, versuchte er, den nagenden
Holzwurm in seiner Brust zu ertränken.
«Geht's dir gut?» Helen goss ihm Kaffee nach.
«Ja.»
Beat schnitt sein Honigbrot entzwei und legte die beiden goldenen Seiten aufeinander. Er würde es später essen.
«Warst du schon draussen?», fragte er seine Frau, die aufge-
standen war, um die Milchpfanne von der Herdplatte zu zie-
hen.
«Nur auf dem Balkon.»
«Hat es Nebel heute?»
Sie drehte sich zu ihm um. Über ihrem Nasenbein stand eine
tiefe Falte wie ein erhobener Zeigefinger. «Ende Mai? Hast du
wieder getrunken gestern?»
Er schüttete zwei Löffel Zucker in den Kaffee und rührte
schweigend. Sie war es gewohnt, dass er ihr auf diese Frage
nicht antwortete. Seufzend goss sie ihm die kochende Milch
in die Tasse.
Sofort überzog eine helle Haut die Oberfläche seines Kaffees.
«Denkst du bitte daran, dass Julia heute nach der Schule
kommt?»
Sie strich ihre Lippen flüchtig über seine Wange und lief aus
der Küche. Jeden Morgen verliess sie kurz nach sieben Uhr
das Haus, um eine Lieferung frischer Schnittblumen in Emp-
fang zu nehmen, die ein für seinen Geschmack viel zu netter
Lastwagenchauffeur aus der Stadt brachte. Er wartete, bis er
die Haustüre ins Schloss fallen hörte, dann schüttete er den
Kaffee in den Ausguss. Die Milchhaut blieb im Abflusssieb

hängen. Aus dem Fenster konnte er sehen, wie Helen ihr Fahrrad die Auffahrt hochschob, sich vom Boden abstiess und trotz ihrer vierundfünfzig Lebensjahre das Bein nach hinten über den Sattel schwang wie ein junges Mädchen. Ihre offene Jacke flatterte im Fahrtwind. Weit über ihr ragten Baumwipfel und Strommasten dunkel in den Himmel. Kein Nebel weit und breit, ja nicht einmal Wolken.

Im Schlafzimmer lag seine Arbeitskleidung ausgelüftet auf dem Stuhl. Graue Hosen mit Reflektoren und Aussentaschen, ein frisch gewaschenes Poloshirt mit aufgesticktem Logo der Post.

Durch die Waschküche kam er in die Garage. Helen und er hatten das Haus kurz nach der Geburt ihrer Tochter gekauft. Die Garage war so winzig angelegt, dass Helen regelmässig mit den Seitenspiegeln an den Wänden hängen geblieben war. Noch immer zeugten dunkle Streifen auf Hüfthöhe von ihren missglückten Versuchen, das Auto rückwärts einzuparken. Also hatte Beat einen Carport vors Haus gestellt und die Garage in eine Werkstatt umgebaut.

Im Regal über der Werkbank standen Einmachgläser dicht an dicht, gefüllt mit Schrauben, Muttern und Nägeln. Daneben lag unsortiert Schleifpapier in unterschiedlicher Körnung, stellenweise abgenutzt und mit Holzstaub überzogen. Auf dem Tablar darüber stapelten sich Baupläne, fleckige Zeitungen und Kaufquittungen von Rasenmähern, Rasensprengern und anderen Geräten, die er irgendwann gekauft und einige davon bereits wieder verschrottet hatte. Staub wirbelte auf und durch den Lichtkegel der Deckenlampe, als er den Briefumschlag unter dem Stapel hervorzog. Beat machte sich nicht die Mühe, den Inhalt in ein neues Kuvert zu stecken und dieses zu beschriften. Mit einem Streifen Malerklebeband verschloss er lediglich den Schlitz, den sein Brieföffner im gelben Packpapier hinterlassen hatte. Dann warf er das Kuvert, das er vor ein paar Monaten aus dem Briefkasten in Helens Blumenladen gefischt hatte, in den grauen Postsack.

Er hoffte, Andreas behielt recht und der Vollenweider konnte auf sich selbst aufpassen. Bald würde er es können müssen.

Gerade als er das Licht in der Garage löschen wollte, fiel sein Blick auf den Eimer in der Ecke hinter der Tür. Darin stand neben zwei vertrockneten Pinseln und einem Hirschleder eine halbvolle Flasche ohne Etikett. Darin eine durchsichtige Flüssigkeit. Wodka. Hätte Helen gefragt, hätte Beat Terpentin geltend gemacht. Aber sie fragte nie. Jetzt nahm er die Flasche in die Hand und horchte in sich hinein. Nichts. Kein schmerzhaftes Bohren und Nagen. Einen kurzen Moment erwog er, den Inhalt der Flasche in das mit Farbflecken übersäte Waschbecken zu leeren, liess es aber bleiben.

Vor dem Haus blickte er in den Himmel und hob zaghaft die Hand. Irgendwo dort oben wandelte Andreas zwischen Kirschbäumen.

Dann schwang er sich auf sein Motorrad und begann seine tägliche Runde durchs Dorf.

Beim ersten Glockenschlag öffnete sich die Schulhaustür und spuckte eine Schar Kinder auf den Platz davor. Einst waren auch Andreas und er hier zur Schule gegangen. Ihre Tornister waren aus Leder gefertigt und mit Kalbfell überzogen gewesen und nicht aus knallbuntem Polyester. Ansonsten schien sich nicht viel verändert zu haben. Buben zogen Mädchen an den Zöpfen, ein Fussball knallte gegen die Fensterscheibe des Lehrerzimmers, der Torschütze stob davon. Zwei Mädchen spielten Gummitwist, wobei der Laternenpfahl den Platz einer abwesenden dritten Freundin einnahm.

Beat musste lange warten, bis er seine Enkelin im Gewusel entdeckte. Mit langsamen Schritten und hängendem Kopf lief Julia auf ihn zu. Eigentlich war sie bereits zu alt, um von der Schule abgeholt zu werden. Er tat es trotzdem ab und zu. Julia hatte sich noch nie beschwert. Heute schob sie sogar ihre Hand in seine. Schweigend machten sie sich auf den Weg. Julias Mutter arbeitete an zwei Tagen der Woche als Gemeindeschreiberin. Am Dienstagnachmittag hüteten Helen und er die beiden Kinder, wobei Helen jeweils den Buben aus dem Kindergarten und er Julia von der Schule abholte. Am Donnerstag passte Sandra, die Patentante seiner Tochter, auf die beiden auf. Er mochte auch seinen Enkel, natürlich. Aber Julia liebte er närrisch, wie Helen immer sagte.

«Du bist so still», sagte Beat, als sie die Treppe vom Schulhausplatz zur Hauptstrasse hinuntergingen.

«Herr Kern hat mich geschimpft», antwortete Julia so leise, dass er sich bücken musste, um sie hören zu können.

«So. Hat er das?»

Sie nickte.

«Warum denn?»

Die Kirchenglocken läuteten zum Mittag.

Sie zog hörbar die Nase hoch. «Ich hab geträumt.»

«Aha.» Er drückte ihre Hand. «Und das ist schlimm?»

Sie bogen in die Kirchgasse ein. Synkopisch ragten die Glocken im äussersten Winkel ihrer Auslenkung aus dem Kirchturm heraus und verschwanden wieder.

«Herr Kern sagt, träumen ist Zeitverschwendung und ich soll mich lieber auf die Matheaufgaben konzentrieren.»

Beat wusste, dass Julia oft Mühe hatte, sich auf den Schulstoff zu konzentrieren.

«Was hast du denn geträumt?»

«Dass ich Malerin werde. Wie die Frida Kahlo. Von der hat mir Sandra erzählt. Die lebte in Mexiko. Das ist weit weg von hier in Südamerika. Sie ist schon tot. Die hat Hirsche mit Menschengesichtern gemalt, Affen und Papageie waren ihre Freunde und sie hatte ein Haus ganz für sich allein. Ihr Mann hatte ein anderes Haus.»

«Eine Malerin also», sagte er. «Soso. Und was willst du denn als Malerin im Dorf malen? Obstbäume? Maisfelder? Oder vielleicht deinen alten Opa?»

Sie schüttelte den Kopf, sodass ihre Haare wild hin und her flogen und ihn an das Kettenkarussell erinnerten, auf dem er als Kind mit Andreas Runden drehen durfte, wenn einmal im Jahr die Schausteller ihre Buden auf dem Schulhausplatz aufgestellt hatten.

«Ich male Waldskyllen, Wasserwispeln und solche Dinge.»

Er drückte ihre Hand.

«Weisst du», sagte er nach einer Weile, «ich weiss nichts über die Dinge, die du malen willst. Und auch nichts über diese Frida. Aber eins weiss ich: Träume sind keine Zeitverschwendung.»

«Sind sie nicht?» Mit ihren elf Jahren war sie kein kleines Kind mehr. Und doch waren ihre Gesichtszüge noch weich und rund und in der Nähe der Ohren waren ihre Wangen von einem feinen Flaum überzogen.

«Nein. Ich glaube, du solltest gut hinhören, was sie dir zu sagen haben.»

Beat hob die Hand, um Max zu grüssen, der in seinem Firmenauto an ihnen vorbeifuhr und mit der Lichthupe zurückgrüsste.

«Glaubst du, dass Träume wahr werden, Opa?»

Er dachte an Andreas, mit dem er nie wieder durch die Obstplantagen spazieren würde. Nicht in diesem Leben. Er atmete hörbar durch die Nase aus.

«Ich glaube, Träume sind Geschichten. Und wir alle sind aus Geschichten gemacht. Mehr weiss ich nicht, Julia.»

Sie nickte und liess die Finger ihrer freien Hand über die weiss bemalten Latten des Gartenzauns gleiten wie über die Klangstäbe eines Xylophons, nur dass die Holzlatten alle denselben dumpfen Ton hervorbrachten.

Auf der Höhe des Briefkastens zog sie die Hand wieder zu sich heran, um nicht im Efeu hängen zu bleiben, das über den Zaun wucherte. Beat hätte es längst zurückschneiden sollen.

«Opa.» Julia war in die Knie gegangen und hielt ihr Gesicht ganz nahe vor die dunkelgrünen Blattrhomben. «Der sieht aus wie ein Sonnenblumenkern.»

Seine Knie knackten, als er sich neben sie hinkauerte, um den Käfer zu betrachten, auf den sie zeigte. Der Kopf verbarg sich unter einem kapuzenartigen Halsschild. Auf beiden Seiten wuchsen Fühler daraus hervor, die an das Geweih eines jungen Hirschs erinnerten. Der dicht behaarte Rückenpanzer hatte tatsächlich Ähnlichkeiten mit einem Sonnenblumenkern.

«Was ist das für einer?», flüsterte Julia und versuchte vorsichtig, ihren Zeigefinger unter die Vorderbeine des Käfers zu schieben.

Beat kniff die Augen zusammen. Sein Interesse für Insekten beschränkte sich normalerweise auf den Erwerb eines möglichst wirksamen Insektizids. Dieser Käfer aber weckte eine Erinnerung in ihm. Es war ein Sonntagmorgen gewesen vor etwa zwei Jahren. Damals war er mit Julia ins Unterdorf und dort in Freddys Käferausstellung spaziert. Sie waren die einzigen Besucher gewesen, was dazu geführt hatte, dass Beat sich unbehaglich gefühlt hatte. Nicht so Julia. Sie war dem Freddy während seiner nicht enden wollenden Ausführungen über irgendwelche Schmuckkäfer an den Lippen gehangen. Indes hatte Beat nicht gewusst, ob er angesichts der Aberhunderten auf Korkzapfen gepinnten Käferleichen Schadenfreude oder Mitleid empfinden sollte. Um nicht unhöflich zu erscheinen, hatte er den Freddy irgendwann nach dem Holzwurm befragt, der genau genommen kein Wurm, sondern eine Käferlarve war. Der Freddy hatte ihm erklärt, dass der Holzwurm eigentlich Gemeiner oder Gewöhnlicher Nagekäfer heisst und dass sich nur die Larve durchs Gebälk frisst. Schlüpft daraus nach Jahren ein Käfer, war es endlich vorbei mit dem zersetzenden Raspeln. In einer Ecke neben einem morschen Bauernschrank waren bestimmt zehn Exemplare des ausgewachsenen Käfers aufgesteckt gewesen. Alle hatten sie ausgesehen wie Sonnenblumenkerne.

Bedrängt von Julias Zeigefinger, schob der Käfer auf dem Efeublatt seine behaarten Flügeldecken auseinander und

entfaltete zwei nebelfarbige Flügel. Begleitet von Julias halb
empörtem und halb freudigem Jubeln flog er über ihre Köpfe
hinweg und davon.

«Ich weiss, was das für einer war», antwortete Beat lächelnd
und ein fast vergessenes Gefühl von Leichtigkeit flutete die
Frasslöcher in seiner Brust.

Julia

Wie ein Satellit schoss Erich an Julia vorbei. Erst ganz nah, entfernte er sich rasend schnell, um dann wieder die Richtung zu ändern und zu ihr zurückzuschnellen. Ganz so, als wären sie durch ein Gummiband miteinander verbunden.

Die Schwerkraft des Satelliten bestimmte Hebungen und Senkungen von Julias Brustkorb. Näherte sich Erich, zog sie Luft in ihre Lungen, spürte, wie sich ihre Rippen spreizten, wie sich jeder Muskel in ihrem Oberkörper anspannte. Entfernte er sich, liess sie den Druck aus ihrer Brust entweichen, wurde wieder weich und klein.

Endlich und ohne ersichtlichen Grund verlor Erich am äussersten Punkt seiner elliptischen Umlaufbahn das Gleichgewicht und stürzte vom Fahrrad. Seine Arme und Beine wirbelten über den Asphalt, lösten sich aus ihren Gelenkpfannen und vom Körper. Das Rad blieb mit schnurrender Kette an Ort und Stelle liegen, Erichs rechter Arm hingegen rollte holpernd bis vor die Schulhaustür, wo er Oma Helens Zugluftstopper gleichend vor dem Spalt zwischen Boden und Tür liegen blieb. Eines seiner Beine kam unmittelbar vor den Fahrradständern auf der Schuhsohle zum Stehen und erinnerte Julia an eine dieser griechischen Säulen, die sie im Geschichtsbuch gesehen hatte. Der schneeweisse Hüftknopf glänzte in der Morgensonne wie ein kleiner perfekter Vollmond.

«Da guckst du, was, Tranjule.»

Julia schlug die Augen auf. Erneut fuhr Erich auf seinem neuen Fahrrad an ihr vorbei, so nahe, sie glaubte, ihn riechen zu können. Erich roch wie die meisten Jungs in ihrer Klasse: Satinober und klebrig. Jedes Mal, wenn er sich vor der Eingangstür des Schulhauses in die Kurve legte, um kurz darauf zu ihr zurückzukehren, warfen ihr die glänzenden Radnaben Sonnenstrahlen wie Silberpfeile ins Gesicht, sodass sie die Augen zukneifen musste.

«Hab ich für meinen Fünfeinhalberschnitt gekriegt», krähte er. Bedauerlicherweise unversehrt, wie Julia nach einem weiteren Blinzeln feststellte.

Endlich riss Erich den Lenker herum und fuhr, ohne sie eines weiteren Blickes zu würdigen, quer über den Schulhausplatz in Richtung Turnhalle, von wo sein Kumpel Dominik herangelaufen kam. Kurz vor ihrem Zusammentreffen blieb Dominik stehen und stampfte auf den Boden, wie eine dieser spanischen Flamenco-Tänzerinnen, die Julia bei Sandra im Fernsehen gesehen hatte, worauf aus der Sohle seiner noch schneeweissen Schuhe Lichtblitze schossen. LED-Turnschuhe. Die ganze Schule träumte davon.

Julia blickte seufzend zu Boden.

Gestern nach der grossen Pause hatte sich Roland Kern, ihr Klassenlehrer, vor die Klasse gestellt, auf seinem Unterarm ein Stapel hellbeiger Kunststoffmappen mit eingestanztem Kantonswappen. Feierlich war er durch die Bänke gelaufen, hatte mal nach links und mal nach rechts ein Zeugnis abgegeben. Ab und an hatte er ein paar Worte an eine Schülerin oder einen Schüler gerichtet.

Gratuliere.

Gute Arbeit.

Weiter so.

Kopf hoch.

Das Letzte hatte er zu Julia gesagt.

Für nur eine Fünf im Zeugnis hätte sie auch ein neues Fahrrad gekriegt. Ein hellgrünes mit vierzehn Gängen und einem Nabendynamo.

Julia hatte aber keine Fünf im Zeugnis gehabt.

Keine einzige.

Fast alles Vierer. Zwei Viereinhalber. Und eine Drei in Mathe. Eine Sechs hatte sie zwar auch gekriegt, im Zeichnen – bildnerisches Gestalten, wie es im Zeugnis hiess. Diese Note hatten ihre Eltern aber nicht gelten lassen. Zeichnen sei kein richtiges Schulfach, hatten sie gesagt. Und dann hatten sie lange Zeit nichts mehr gesagt.

Am Abend aber, als die Eltern Julia schlafend glaubten, hatten Mutter und Vater die Worte und Sätze hervorgewürgt, die sie den Tag durch wütend in sich reingefressen hatten. Julia stellte sich die Eltern als Kühe vor, die sich am Küchentisch gegenübersassen und all die unverdauten Wutworte aus dem Pansen in den Mund zurückwürgten und wiederkäuten. Sie konnte die Eltern hören, erst leise und dann immer lauter, wie sie sich darüber stritten, wessen Schuld es sei, dass ihre Tochter nicht die gewünschten Leistungen in der Schule erbrachte.

Es liege wohl daran, dass die Mutter ums Verrecken arbeiten wolle, hatte der Vater getobt. Sie sehe ja, wohin das führe. Das habe er von Anfang an gesagt. Und dann noch der schlechte Einfluss von Sandra. Die ermutige das Mädchen geradezu, ihren Hirngespinsten nachzuhängen.

Die Antwort der Mutter hatte Julia nicht hören können, aber ihre Stimme hatte den Klang des Winterwindes, der von Osten herkommend jedes Jahr noch bis Ostern sich in Julias Finger und Wangen verbiss. Sie hatte ihren Kopf unter das Kopfkissen gesteckt und nur einen Tunnel für die Atemluft offen gelassen.

Hier war es so dunkel wie in den tiefsten Tiefen des Meeres. Die Stimmen der Eltern weit über ihr, ein wütender Sturm.

Ab und an hörte sie von fern eine Welle an die Klippen klatschen.

In Julias Ohren rauschte es.

Warm eingehüllt in Seetang trieb sie davon.

Heute war der zweitletzte Tag vor den Sommerferien und somit wie jedes Jahr Schulreisetag. Auf dem Pausenhof standen Gruppen von Schülerinnen und Schülern mit ihren bunten

Rucksäcken und Schirmmützen herum. Julias Klasse drängte sich um Herrn Kern, der auf der Höhe der Metzgerei Tschudin Stellung bezogen hatte. Vierundzwanzig. Er hatte durchgezählt. Zweimal sogar. Fehlte nur noch Melanie Gysin, die Handarbeitslehrerin, die ihnen heute als Klassenbegleitung zugeteilt war. Gerade kam sie vom Schulhaus her auf sie zu gelaufen. Auf ihrer Stirn glänzten Schweissperlen, dabei war es vom Lehrerzimmer hierher ein Katzensprung und die Luft um diese Uhrzeit noch angenehm frisch. Alles an Frau Gysin schien feucht zu sein. Vom Gesicht floss ihr das Kinn auf die Brüste herab, die sie wie Bugwellen vor sich herschob. Ihr Bauch warf ebenmässige Wogen und die prallen Oberschenkel, die unter den kurzen Wanderhosen herauslugten, erinnerten bei jedem Schritt an wabbelnde Wasserballone.

«Hallo Melanie», rief ihr Herr Kern entgegen.

«Hallo Kinder», entgegnete Frau Gysin und winkte ihnen zu. Schnaufend stellte sie sich zu ihnen in den Kreis und stiess beim Anblick von Erichs neuem Fahrrad einen entzückten Jauchzer aus.

Kaum waren sie im Wald, verlor das Licht an Schärfe, wurde weich und gefleckt wie Bonitos Fell. Bonito war Julias Kaninchen. Sie hätte lieber einen Papagei gehabt wie Frida Kahlo. Aber ihre Mutter hatte abgewinkt. Sie hole sich bestimmt nicht noch einen Schreihals ins Haus, der nichts als Dreck mache.

Vor Julia liefen ihre Klassenkameraden, meist zu zweit oder zu dritt. Die Jungs versuchten, sich gegenseitig die Mützen vom Kopf zu reissen, und redeten über eine Fernsehserie, wo sich Menschen in Autos verwandeln konnten. Die Pferdeschwänze der Mädchen wippten im Takt ihrer hüpfenden Schritte. Sie hielten sich an den Händen und kicherten. Worüber, das konnte Julia nicht hören.

Über ihren Köpfen, im Mosaikgrün der Laubblätter, lag ein Flüstern.

«Na, so ganz allein, Julia?»

Frau Gysin, die das Schlusslicht der Gruppe bildete, war von hinten neben sie getreten. Aus ihrem vor Anstrengung geöffneten Mund hörte Julia das Meer rauschen und auf ihrem hellblauen Sportshirt bildeten sich Salzkrusten.

Julia zuckte mit den Schultern.

«Mach dir nichts draus», keuchte Frau Gysin.

Julia machte sich nichts draus. Sie war es gewohnt, allein zu sein. Wobei sie gar nicht wirklich allein war. Dort drüben hinter der Stechpalme versteckte sich Skax, der Waldschrat mit seiner braunen Pelerine, der zerfurchten Haut und der knarrenden Stimme. Gleich daneben wand sich Hedera, die Riesenschlange, mit ihrem dunkelgrünen Schuppenkleid einen Baumstamm hoch. Und da, am Rand des kleinen Rinnsals zu ihrer Rechten, drängte sich eine Schar Waldskyllen mit langen grünen Haaren. Ihre Röcke fielen in zartfädigen Schichten bis auf den Waldboden. Julia konnte sie wispern hören.

Früher hatte Julia den Leuten von den Geschöpfen erzählt, die sie umgaben. Da hatten die anfänglich noch erstaunt, später verärgert – die Erwachsenen – oder hämisch – ihre Mitschüler – zu erklären versucht, dass der Waldschrat lediglich der Stamm einer Eibe sei, die Riesenschlange eine Efeupflanze und die Waldskyllen ein Feld Ackerschachtelhalme.

Beim Gedanken daran verdrehte Julia die Augen.

Eibe. Efeu. Ackerschachtelhalm.

Das war nicht falsch.

Es war nur nicht die einzige Möglichkeit, die Dinge zu sehen. Die Welt war ein Farbkasten. Wo die einen Lila sahen, sahen die anderen Flieder, Hellviolett oder Veilchenblau. Man konnte damit Sonnenuntergänge malen, aber auch Automenschen. Das eine war so wenig falsch wie das andere.

Der Duft von gebratenen Würsten und ersticktem Feuer lag in der Luft. Julia hatte sich in den Wald geschlagen. Durch das dichte Webmuster der Tannennadeln drang kaum Sonnenlicht. Sie hatte bereits einen Arm voll ellenlanger Hölzer neben eine Fichte gestapelt, als Dominik auf ihre Lichtung heraustrat und bei ihrem Anblick unschlüssig stehen blieb.

Langsam richtete Julia sich auf, bemüht, jede hastige Bewegung zu vermeiden. Dominik sprach wenig, und wenn er sprach, lispelte er. Lispeln bedeutete für einen bald Zwölfjährigen geklaute Pausenbrote, Tauchgänge in der Jungentoilette sowie rote Striemen auf Rücken und Po nach jeder Turnstunde. Dominik aber war nie abgeklatscht worden, wie man das Schlagen mit nassen Badetüchern nannte. Er hatte es sogar geschafft, in Erichs Gang aufgenommen zu werden. Das machte ihn gefährlich. Er musste die Schwachen in der Klasse stärker triezen als Erich und die anderen Jungs, um seine eigene Schwäche vergessen zu machen.

«Was glotzt du so blöd?», knurrte er.

Sie zuckte mit den Schultern, blickte ihm aber weiterhin unverwandt ins Gesicht. Ihr Herz stolperte, aber sie widerstand dem Drang, davonzulaufen.

«Geh weg, ich will hier pinkeln.»

Erst jetzt bemerkte Julia seinen offenen Hosenstall.

«Ich sammle hier Holz», gab sie ihm betont gleichgültig zur Antwort.

«Verschwinde oder ich pinkle über dein Holz.»

Er machte zwei Schritte nach rechts und stand direkt vor den Ästen, die sie dort aufeinandergeschichtet hatte. Schon hatte er seine kurzen Hosen in die Mitte der Oberschenkel geschoben und griff nach dem elastischen Band seiner Unterhose. Er funkelte sie siegessicher an. Sie wusste, wie gerne er vor ihr blank ziehen und sich über ihrem Sammelholz erleichtern würde. Einfach so, weil er es konnte und weil niemand ihr zu Hilfe eilen würde, auch nicht, wenn sie danach rufen würde.

So war das nun mal. Rief einer der Schwachen um Hilfe, war dies für die anderen ein Zeichen dafür, dass alles in Ordnung war. Erst wenn einer der Starken in Not geriet und rief, rannten die Lehrer.

Sie zuckte erneut mit den Schultern und wandte sich ab, tat so, als suche sie Waldreben, mit denen sie die Hölzer verschnüren konnte.

«Tu's doch. Hoffentlich reisst dir die Joholla dabei den Pimmel nicht ab.»

Aus dem Augenwinkel sah Julia, dass er in seiner Bewegung verharrte.

«Was?»

Sie bückte sich, schob Tannennadeln über den trockenen Waldboden und wieder zurück. Ameisen purzelten durcheinander, rappelten sich hoch und liefen rasch davon, ohne die riesigen Lasten auf ihren Rücken fallen zu lassen.

«Was redest du da?» Winzige Tropfen Spucke flogen aus Dominiks Mund und durch einen der wenigen Lichtstrahlen, leuchteten auf und verglühten im Tannendunkel.

«Kennst du die Geschichte der Joholla nicht?»

Dominik kniff die Augen zusammen und schüttelte den Kopf.

«Wer soll das bitte sein?»

Julia blickte ihn von unten her an, und als sie sicher war, dass er ihr zuhörte, begann sie zu erzählen.

«Vor lang vergangener Zeit lebte ein Mädchen in einer Hütte am unteren Bachlauf. Etwa an der Stelle, wo du nachher dein Boot versenken wirst.» Dominik zog die Augenbrauen hoch, reagierte aber nicht weiter. «Ihr Name war Johanna», fuhr Julia fort, «weil aber neben ihrer Hütte ein stattlicher Holunderbusch wuchs, wurde sie von allen nur Joholla genannt. Der Holunderbusch war schon gross und prächtig gewesen, als die Ältesten im Dorf noch kleine Kinder und ein erstes Mal zahnlos gewesen waren. Johollas blonder Zopf reichte ihr bis über den aus Brennnesselfasern geflochtenen Gürtel, Schuhe besass sie keine und wenn sie lachte, klang es, als verfinge sich der Wind in den Klangstäben eines Windspiels. Johollas Eltern waren seit Jahren tot und so lebte sie von Wurzeln, Beeren und Nüssen, die sie im Wald fand, und von dem, was ihr die Leute aus dem Dorf brachten. Joholla war bekannt dafür, dass sie Kräuter kannte, die gegen Furunkel und Fleckfieber wirkten. Kräuter, die machten, dass man schwanger wurde und wiederum andere, die das Gegenteil bewirkten. Mit Kräutern heilte sie blutendes Zahnfleisch genauso wie gebrochene Herzen. Im Dorf wurde gemunkelt, Joholla paktiere mit dem Teufel. Darum mieden die Dörfler sie in der Öffentlichkeit. Ein jeder aber, ob arm oder noch ärmer, klopfte in der Not und nach Einbruch der Dunkelheit an Johollas Tür.»

«Was interessiert mich diese Joholla?», unterbrach Dominik sie ungehalten.

Julia tat so, als hätte sie ihn nicht gehört, und erzählte die Geschichte weiter, die Sandra ihr bestimmt schon hundert Mal erzählt hatte. Und zu Julias Überraschung hörte Dominik weiter zu.

«Eines Tages, Joholla war vielleicht zwölf oder dreizehn Jahre alt, da rief man sie ins Haus des Bauern Bürgin. Der Bürgin war der reichste Mann im Dorf. Er bewirtschaftete mehr als die Hälfte der Felder und Obstplantagen. Das Land gehörte nicht ihm, sondern einem Adeligen. Doch der sass weit weg in der Stadt und so konnte der Bauer Bürgin im Dorf ungehindert schalten und walten. Der Bürgin hatte einen Sohn. Melk war sein ganzer Stolz und der einzige Erbe, den er hatte. Nun war Melk aber krank. Seit Tagen lag er in seinem Bett und siechte dahin, ass und trank nichts mehr. Die Wadenwickel mochten das hohe Fieber nicht senken und auf seinem Hals wuchsen eitrige Beulen, die, sobald sie aufplatzten, stanken wie ein verrecktes Tier. Schon hatte der Dorfpfarrer Melk einen Besuch abgestattet. In seiner Not liess der Bürgin Joholla rufen. Als sie in Melks Schlafzimmer trat, roch sie neben dem Geruch von Fäulnis, ganz zart nur, den süssen Duft von Holunder. Da wusste Joholla, dass sie zu spät gerufen worden war. Melk war dem Tod geweiht.

Sie trat ans Bett des Jünglings und sah, wie schön er war, trotz der Male, die ihm die Krankheit zugefügt hatte. Sein Gesicht war ebenmässig und wie aus Walnussholz geschnitzt. Eine dunkle Locke klebte an seiner hohen, fiebernassen Stirn. Der Schwung seiner Lippen, trocken und aufgesprungen, erinnerten sie an die zarten Flügel des Fuchsschwanzes. Als sie mit den Fingerspitzen Melks Augenbrauen nachfuhr, schlug der die Augen auf. Sie waren klar wie der Himmel im Mai.

‹Hilf mir!› Er packte ihre Hand und versuchte sich aufzusetzen, fiel aber kraftlos zurück ins Kissen.

‹Wenn du mich gesund machst›, flüsterte er so leise, dass sie ihr Ohr nahe an seinen Mund bringen musste, ‹nehm ich dich zur Frau.›

Melks Stimme schmeckte nach den ersten Walderdbeeren im Frühsommer. Süss und nach mehr.

‹Bitte›, flüsterte er erneut. ‹Ich versprechs.›

Da ging Joholla zurück in ihre Holzhütte. Und als es Mitternacht schlug im Dorf, kroch sie unter die blütenschweren Äste des Hollers. Wie sie so üppig und weiss bis zum Boden reichten, erinnerten sie an einen Brautschleier, was Joholla als ein gutes Omen deutete. Unter den Wurzeln des Busches lag gut verborgen eine Höhle, nicht grösser als der Eingang eines Hasenbaus. Aber Joholla war klein und schmal und so kroch sie hinein und tief hinab, bis sie zum Mittelpunkt der Erde und in den Palast der Erdmutter gelangte. Die Erdmutter sass auf einem Wurzelthron, zu ihren Füssen floss flüssiges Gestein, das auf ihrem Gesicht einen warm glühenden Widerschein warf. In einem Moment war ihre Haut so runzlig wie im Spätfrühling die Möhren in Johollas Vorratskämmerlein. Im nächsten Moment schien sie straff gespannt und frisch wie die Tautropfen im Schoss des Frauenmantels. ‹Was willst du, mein Kind?› Ihre Stimme war ein dröhnender Hauch.

Johollas Stimme dagegen nur ein Herbstlaubrascheln.

‹Ich bitte um das Leben des jungen Melk.›

‹Da kommst du zu spät, das weisst du.›

Auf den Knien schob sich Joholla näher an die Erdmutter heran, sodass sie mit der Stirn ihre nackten Füsse berührten. Sie rochen nach Gundelreben und frisch gepflügter Erde.

‹Du darfst ihn nicht holen. Er ist so jung und schön.›

Da lachte die Erdmutter, ein Reissen und Flattern.

‹Das eine hat mit dem anderen nichts zu tun, mein Kind.›

‹Aber du könntest ihn doch leben lassen, oder?› Joholla richtete sich auf.

‹Warum sollte ich das tun?›

‹Weil ich alles dafür geben würde.›

Die Erdmutter musterte Joholla, während ihre Haare von der Farbe frisch gefallenen Schnees zu zartgrün wechselten.

‹Aber warum?›

‹Weil …› – Joholla spürte, wie ihr das Blut in die Wangen schoss – ‹weil ich ihn liebe.›

Die Lippen der Erdmutter wurden dünn.

‹Das ist kein Grund›, donnerte sie steinrutschgleich. ‹Das ist ein Gefühl.›

Am Ende versprach ihr die Erdmutter, Melk gesund zu machen. Sollte der sein Versprechen jedoch nicht halten, habe Joholla ihr Leben verwirkt und müsse statt seiner zur Erdmutter in die Unterwelt. Joholla schlug in den Handel ein.

Am nächsten Morgen, als sie frohen Herzens über den Dienstboteneingang ins Bauernhaus zu gelangen versuchte, stellte sich ihr der alte Bürgin in den Weg. Melk sei wieder gesund, polterte er. Man brauche ihre Dienste nicht mehr. Er warf ihr einen Lederbeutel zu, in dem ein paar Batzen klimperten, und versuchte sie zu verscheuchen, wie der Knecht die Fliegen am Euter der Kuh. Als sie erwiderte, dass Melk ihr ein Heiratsversprechen gegeben habe, lachte der alte Bürgin und rief seinen Sohn herbei. Der war noch dünn und die Beulen an seinem Hals kaum verschorft, aber seine Wangen waren wieder rosig und seine Augen funkelten wie das Sommerlicht auf dem oberen Bachlauf. Auf das Versprechen angesprochen, lachte auch er und sagte, das müsse er wohl im Fieberwahn gesagt haben. Er könne sich an nichts dergleichen erinnern. Da ging Joholla zurück zu ihrem Häuschen neben dem Holunder, und noch bevor die Sonne hinter den Tannenspitzen des Bloonds verschwunden war, hatte sie im Wasser unterhalb der Brütschi den Tod gefunden.

Seither ist auf dem Hof des Bauern Bürgin, den die Dörfler heute Chellenmatthof nennen, niemand mehr glücklich geworden. Johollas Geist aber wurde seither immer wieder gesehen, im Dorf und in den Wäldern rundherum. Dort trauert sie Melk nach, lauert den Buben und jungen Männern auf und spielt ihnen böse Streiche. Auf dem Heimweg von der Beiz, wo sie ihren ganzen Zapfen versoffen haben, stösst Joholla sie ins Gülleloch oder», Julia zeigte in Richtung Dominiks Unterhose, «sie kneift ihnen beim Pinkeln im Wald in ihr Pimmelchen. Die Frauen und Mädchen aber führt sie heim ins Reich der Erdmutter, wenn es Zeit ist.»

Dominik schüttelte langsam den Kopf und liess den elastischen Bund seiner Unterhose schnalzen: «Das ist doch nur eine Geschichte.»

Dasselbe hatte Julia einige Tage zuvor zu Sandra gesagt, als die einmal mehr von Joholla erzählt hatte. Das ist doch nur eine Geschichte. Sandra hatte gelacht und geantwortet, das könne schon sein. Es spiele letztlich keine Rolle. Egal ob wahr oder nicht – es seien stets die Geschichten, die wir immer und immer wieder zu hören kriegten, die unser Denken und somit auch unser Handeln bestimmen würden.

Daraufhin hatte Julia gefragt, ob Sandra nicht auch finde, dass sie langsam zu alt für Geschichten sei, schliesslich werde sie bald zwölf. Für manche Geschichten sei man nie zu alt, hatte Sandra geantwortet und dann weitererzählt.

«Vermutlich hast du recht.» Julia drehte Dominik achselzuckend den Rücken zu und machte sich erneut auf die Suche nach Hölzern für ihr Boot. «Ist bestimmt nur eine Geschichte.»

«Du bist echt komisch.» Sie hörte, wie er wütend die Hose hochzog. «Kein Wunder, dass dich niemand mag.»

Dann stapfte er in Richtung der Stimmen davon, die zum Rest ihrer Klasse gehörten.

Julia zwinkerte den kichernden Waldskyllen zu und klemmte sich das Bündel Äste unter den Arm. Während sie Dominik mit sicherem Abstand folgte, dachte sie daran, wie sie Sandra gefragt hatte, ob irgendwer Melk für seine böse Tat bestraft habe. Da hatte Sandra gelacht. So wie Erwachsene eben lachen, wenn ihnen nicht ums Lachen ist.

«Nein», hatte Sandra geantwortet.

«Aber warum nicht?»

«Weil niemand die Melks dieser Welt bestraft.»

«Warum ist das so?»

Sandra hatte mit den Schultern gezuckt.

«Es ist halt so.»

«Nein», hatte Julia erwidert. «Es ist nur so, weil es niemand ändert. Einer muss Johalla erlösen.»

«Da wird keiner kommen», hatte Sandra geseufzt.

«Dann muss sie sich eben selbst erlösen.»

Da hatte Sandra geschwiegen.

Die Kirchenuhr im Dorf schlug drei Mal. Herr Kern und seine Schüler standen bis zu den Knien im Wasser. Frau Gysin sass als Einzige auf einem grossen Stein am Bachufer und betupfte ihre vor Anstrengung rot gefleckte Stirn mit einem Taschentuch, das sie zuvor ins kühle Wasser getunkt hatte. Über ihr wog eine Birke ihre traurigen Äste. Das Sonnenlicht lag zersplittert auf dem Wasser. Jeder aus Julias Klasse hatte ein selbst gebasteltes Boot in der Hand. Das war Tradition im Dorf. Auf der Schulreise sammelten die Schüler Hölzer, bauten daraus Boote und setzten diese dann auf dem Heimweg in den Bachlauf, immer in der Hoffnung, eines möge unbeschadet aus der Gumpe unter der Brütsche hervorkommen und aus dem Dorf hinausfahren.

Erichs Boot aus dicken Ästen kenterte noch vor dem Wassersturz. Keiner seiner Kumpels wagte zu lachen. Dominiks Boot, eine Konstruktion aus Rinde und Moos, schaffte es hinunter in die Gumpe, wurde dort jedoch von einer Welle an einen Steinquader gestossen und zerschellte. Herr Kerns Boot geriet in den Sog und fuhr in der Gumpe im Kreis, immer im Kreis, bis es sich dem Wasser ergab und unterging. Keiner in der Klasse hatte es geschafft.

Nur noch Julias Boot war übrig.

Vorsichtig setzte sie es auf die Wasseroberfläche. Sofort quoll Wasser zwischen den zusammengebundenen Ästen hindurch. Aber das machte nichts. Sie hatte bewusst kein Boot gebastelt, in dem sich das Wasser im Rumpf sammeln und somit das Schiff zum Sinken bringen konnte. Es hatte im Gegensatz zum letzten Jahr auch keinen Masten, der an einem hervorstehenden Steinwacker anstossen und das Boot zum Kentern bringen konnte. Sie hatte auf jeglichen Schnickschnack verzichtet.

Es war einfach nur ein Floss.

Es war eine Rettungsinsel.

«Los, Julia», flüsterte Herr Kern und sie liess ihr Boot los.

Es schwankte auf den Wellen von ihr weg, erst langsam, und gewann dann an Tempo, je näher es der Kante des Wassersturzes kam. Einen Moment lang schien es einfach gerade darüber hinaus fahren zu wollen, dann kippte es doch und verschwand aus ihren Augen.

Alle hielten den Atem an.

Die Stille war ohrenbetäubend.

Ein Schrei.

«Es ist durch!», rief Herr Kern und sprang dabei auf und ab, sodass er alle nassspritzte. Er achtete gar nicht darauf.

Da sah sie es. Ihr Floss ruckelte auf den Wellenrücken bachabwärts, balancierte auf den Unebenheiten des Stroms davon, schwamm stets obenauf, wurde kleiner und kleiner. Schon hatte es das Dorf hinter sich gelassen.

Julia lachte.

Und wie sie lachte.

Lauter als der Wassersturz.

Stärker als der Sog in der Gumpe.

Ihr Lachen flatterte wie der Wind in den Klangstäben eines Windspiels.

Sandra

Fremde Gesichter eingerahmt von weissen Gardinen, setz-kastenförmig angeordnet auf drei Stockwerken. Ausladende Balkone wie herausgerissene Schubladen, Glasfronten, in denen sich der diesige Himmel spiegelte. Hier ein Basilikum-töpfchen auf dem Fenstersims, ein klimperndes Windspiel auf der Terrasse, dort eine herausgekurbelte Sonnenstore. Um die grüne Rutsche und die Doppelschaukel zwischen den Mehrfamilienhäusern hing schlaff ein rot-weisses Absperr-band. Vermutlich, um den Rasen zu schützen, der erst spär-lich durch die plattgewalzte Erde drückte.

Bündte. Der Name war geblieben.

Hier entsteht Ihr neues Zuhause.

Irgendjemand hatte auf dem übermannsgrossen Schild die Silbe «ent» überklebt.

Hier steht Ihr neues Zuhause.

Sandra hätte gerne Roland gefragt, was er von dieser Korrek-turarbeit hielt. Roland war Lehrer und, davon war jedenfalls Julia felsenfest überzeugt, Fehler korrigieren sein Beruf. Doch Roland war im Urlaub. Letzten Samstag war er mit Micha nach Kuba geflogen. Warum sich Micha, bekanntermassen kein Kind von Traurigkeit, plötzlich für einen so farblosen Mann wie Roland interessierte, war Sandra schleierhaft. Die Erleichterung darüber, dass ihr Sohn endlich mit einem Mäd-chen aus Fleisch und Blut um die Häuser zog und sich nicht mehr hinter dieser Nathalie versteckte – die Sandra stets wie ein Gespenst vorgekommen war, das immer nur aufzutau-chen schien, wenn niemand es sah –, war grösser als ihre Be-denken.

Eine Katze strich um Sandras Beine. Sie bückte sich und kraulte das von der spärlichen Sonne aufgewärmte Fell, als

sie eine Bewegung zwischen Thujahecke und Parkplatz registrierte. Ein Mann und eine Frau schlenderten im Gespräch
vertieft nebeneinanderher. Den Mann kannte sie nicht. So
wie der aussah, in Anzug und Krawatte, war der nicht von
hier. Doch was hiess das heute noch. In den Neubauwohnungen auf der Bündte lebten nur Leute, die so aussahen, als
wären sie nicht von hier. Morgens fuhren sie in schicken
Zweiteilern und mit Halbschuhen aus Rindsleder im Wert
eines ausgewachsenen Ochsen an den Füssen zur Arbeit in
die Stadt. Abends stellten sie ihre blitzsauberen Autos in die
Tiefgarage, lasen Hochglanzzeitschriften auf ihren Balkonen
oder verrenkten sich bei offenen Fenstern auf veganen Yogamatten. An den Wochenenden fuhren sie ins Einkaufszentrum ausserhalb und zogen anschliessend in farblich aufeinander abgestimmter Outdoor-Bekleidung hinauf in den
Eichenhain. An der 1.-August-Feier vor ein paar Wochen, als
Sandra Würste auf Brotscheiben gepackt hatte, neben ihr der
schwitzende Tschudin am Grill, hatten sich die Neuen alle an
den gleichen Tisch gesetzt und waren unter sich geblieben.
Der Mann und die Frau schüttelten sich die Hand. Sandra
kniff die Augen zusammen. War das nicht Chantal? Was zum
Teufel hatte die hier zu suchen? Die dachte doch hoffentlich
nicht daran, sich eine Wohnung zu kaufen, mitten im Dorf.
Sandra wusste, dass ihr Mann einer von Chantals Kunden war.
Einmal im Monat fuhr er am Freitagabend nach dem Abendessen noch mal los. Wenn sie am nächsten Tag seine zerknüllte Wäsche vom Boden aufsammelte und zum Wäschekorb
trug, konnte sie Chantals Parfum riechen. Sandra stellte ihn
nie zur Rede, fragte kein einziges Mal, wo er gewesen war.
Jedes schwierige Thema, das einer von ihnen im Streit zur
Sprache brachte, zog unweigerlich ein anderes schwieriges
Thema nach sich, sobald der Beschuldigte zum Gegenangriff
ausholte. Da es in ihrer Ehe aber zu viele Themen gab, an
die weder Max noch sie rühren wollten, war Streiten keine
Option.

So wie Max waren viele Männer im Dorf. Alle paar Wochen
stiegen sie in ihr Familienauto und fuhren nach der Musikprobe ins Rosenegg. Natürlich war das moralisch verwerflich,
Ehebruch und so. Für die eine oder andere Ehefrau war es
durchaus schmerzlich festzustellen, dass der Angetraute
Haushaltgeld und Körpersäfte in eine andere Frau investier-
te. Anderseits trugen die Männer auf diese Weise ihre ange-
stauten Gefühle, Lust und Frust, aus dem Dorf hinaus und
deponierten sie bei Chantal. Ganz so, wie man Gemüse- und
Obstabfälle auf den Kompost im Garten trug, bevor diese im
Haus zu gären anfingen und die Luft verpesteten.

Was aber, wenn Chantal nun ins Dorf zog? Sollten die Männer
etwa vor aller Augen an ihrer Tür klingeln? Auf dem Weg zu
Chantals Wohnung die Nachbarn grüssen? Sollten deren
Ehefrauen, die in einer Werbepause aus dem Wohnzimmer-
fenster blicken, mitansehen müssen, wie das Neonherz in
Chantals Schlafzimmerfenster für die restliche Dauer des
Rosamunde-Pilcher-Films erlosch?

Undenkbar.

Alle wussten, was Chantal mit den Männern im Rosenegg
trieb. Niemand aber konnte es sehen.

Und bei allem, was man nicht selbst sah, bestand noch immer
die Chance, dass es nicht so war, wie es herumgetratscht wurde. So liess es sich weiterleben, als Ehepaar und als Dorfge-
meinschaft.

Man konnte gut finden, was Chantal da machte, oder schlecht.
Es änderte nichts an der Tatsache, dass sie ihren festen Platz
im Dorf hatte. Nur war dieser eben ausserhalb der Dorfgrenze.
Sandra strich ein letztes Mal über das Fell der Katze, die sich
auf die Hinterbeine stellte, um sich noch tiefer in ihre Handfläche zu drücken, dann überquerte Sandra den Schulhausplatz und den oberen Bachlauf. Die herzförmigen Blätter der
Linde auf der anderen Seite der Hauptstrasse waren an den
Rändern brüchig und braun. Schwalben drängten sich auf
dem Dachgiebel des Postgebäudes.

Vor der Post stand Vollenweiders Transporter. Auf der Lade-
fläche stapelten sich leere Apfelharassen. Vom Vollenweider
selbst war nichts zu sehen. Sandra versuchte durch die dop-
pelt verglaste Tür des Blumenladens zu linsen, doch die Tür-
kränze aus Buchsbaum, Hagebutten und Lampionblumen,
die Helen zum Verkauf aufgehängt hatte, versperrten ihr die
Sicht.

Sie hatten lange nicht mehr miteinander geredet, der Vollenweider und Sandra. Nicht mehr, seit sie das letzte Mal bei ihm
zu Hause gewesen war. Wann war das gewesen? Im letzten
Winter? War das tatsächlich schon fast ein Jahr her? Wer
glaubte, dass es schwierig war, im Dorf unbemerkt eine Affäre
zu leben, der wusste nichts von den Schwierigkeiten, heimlich mit jemandem gebrochen zu haben. Ständig liefen sie
sich über den Weg, im Dorfladen, in der Metzgerei, im Rössli.
Früher war es eine Kunst gewesen, die gegenseitige Vertraut-
heit auf die Grösse von Floskeln zurückzustutzen. Jetzt war
es eine ungleich grössere Herausforderung, das Schweigen,
das zwischen ihnen herrschte, zu unverdächtigen Höflichkei-
ten aufzublasen. Zu viel Nähe erregte irgendwann Verdacht.
Zu viel Distanz ungleich schneller.

Sandra hatte ihm noch immer nicht verziehen, dem Vollenweider. Erst hatte sie gedacht, es sei wegen damals. Weil er,
wie sie erst kürzlich erfahren hatte, am Unterhaltungsabend
1984 zugesehen hatte, wie Max sie vor dem Schulhaus überstellt hatte.

Überstellt.

Ein Begriff, der im Dorf gerne genutzt wurde, weil er den An-
schein erweckte, als habe dabei alles seine naturgesetzliche
Richtigkeit. Er assoziierte Bilder von Jägern und Auerhähnen
oder von Polizisten und Schurken und damit vom folgerich-
tigen Sieg des Stärkeren über den Schwächeren.

Max hatte Sandra überstellt.

So hatten es damals alle gesehen.

So hatte sie es selbst gesehen.

So hatte es vermutlich auch der Vollenweider gesehen. Er, der damals schon behauptet hatte, in sie verliebt zu sein, hatte nicht eingegriffen, als sie überstellt wurde.

Überstellt.

Damit gemeint war schneller Sex irgendwo im Zwielicht. Ob der Sex einvernehmlich war, fragte niemand. Musste niemand fragen. Der Mann wollte Sex, das machte ihn zum Mann. Die Frau wollte gewollt werden, das machte sie zur Frau.

Überstellt.

Kannten die Jungen dieses Wort noch? Oder wie würden sie das heute nennen, was ihr widerfahren war?

Sie könnte Roland fragen.

Nein, das könnte sie nicht.

Er sprach mit ihr nicht über solche Dinge. Und sie sprach mit ihm nicht über die Hintergründe seiner Zeugung.

Auf jeden Fall war Sandra nicht deshalb wütend auf den Vollenweider, weil er tatenlos zugesehen hatte. Sie war wütend auf ihn, weil er sie in dieser Geschichte festgeschrieben hatte. Seit dieser Winternacht waren fast fünfunddreissig Jahre vergangen und es war viel geschehen seither. Sie hatte dem Vollenweider nach dem Tod seines Alten geholfen, den Hof zu verkaufen. Ausser dem ausgestopften Hirschkopf hatte der nichts mitnehmen wollen. Sandra allein hatte die Auflösung des ganzen Hausstandes organisiert. Ja, sie hatte ihm sogar dabei geholfen, den verdammten Hirsch an seine Wohnzimmerwand zu schrauben. Als er im Jahrhundertsommer in den Zwetschgen in ein Wespennest gefasst und daraufhin von der Leiter gefallen war, war sie es gewesen, die ihn nach Hause gefahren und verarztet hatte. Dort auf dem Krankenlager hatte sie ihn gelehrt, was es heisst, Liebe zu machen. Nicht dieses Rammeln, das er sich wie die meisten Burschen im Stall abgeschaut hatte, sondern ein ruhiges und kraftvolles Ineinanderfliessen, so wie es der obere und untere Bachlauf ein Stück unterhalb des Dorfes taten. Er war ein gelehriger Schüler gewesen.

Nicht ein Mal hatten sie sich zu einem Stelldichein verabredet. Es war ein unausgesprochenes Gesetz, dass sie sich nicht anriefen, nicht schrieben, keine Heimlichkeiten in der Öffentlichkeit austauschten – ganz egal wie unbeobachtet sie sich fühlten. Konnte Sandra es sich einrichten, dann ging sie zu ihm, unangemeldet. War sie verhindert, blieb sie zu Hause. Sie entschuldigte sich nie dafür.

Seit Jahren erledigte sie ehrenamtlich die Schreibarbeit für die Bürgergemeinde. Da fiel es nicht sonderlich auf, wenn sie ab und an beim Vollenweider vorbeischaute. Ausserdem war sie mit dem schönen Max verheiratet. Der war zwar gar nicht mehr schön, aber er hatte noch diesen Ruf. Wer hätte ihr da eine Affäre mit einem Sonderling, einem Waldschrat, wie der Vollenweider einer war, zutrauen wollen?

Sie mochte nicht darüber nachdenken, ob sie ihn geliebt hatte, den Vollenweider. War sie bei ihm gewesen, hatte sie nirgends anders sein wollen. War sie zu Hause, war sie die Ehefrau von Max. Sie kochte und wusch die Wäsche, richtete Grillabende für Nachbarn aus und erfreute sich an der Stabilität und Sicherheit, die dieses Leben ihr bot. Es hatte Vorteile, mit Max verheiratet zu sein, die nicht von der Hand zu weisen waren. Er war beliebt und sie mit ihm. Sie hatte nie vorgehabt, Max zu verlassen. Bis heute.

Vielleicht hatte sie ihn geliebt, den Vollenweider.

Mit ihm zu reden, wenn sie unbekleidet nebeneinander im Bett gelegen hatten, das hatte sie mit Sicherheit geliebt.

Es spielte keine Rolle mehr.

Sandra war wütend auf ihn. Nein, nicht wütend. Wut hatte eine andere Qualität. Wütend war sie auf ihre Mutter gewesen. Vom Vollenweider war sie vielmehr enttäuscht. Er hatte Sandra stark erlebt und selbstbestimmt. Und dennoch sah er in ihr nur das Mädchen von 1984, das Opfer – schwach und unterlegen. So hatte er sie festgeschrieben in einer Geschichte, die sie letzten Dezember zufälligerweise auf seinem Computer entdeckt hatte.

Aus dieser Geschichte war ein Buch geworden. Erst kürzlich hatte sie es in einem Schaufenster entdeckt, als sie in der Stadt an einer Buchhandlung vorbeigelaufen war. Auf dem Umschlag war das Bild eines Mädchens, gezeichnet mit feinen Strichen. Die Haare hell, beinahe weiss, auf dem unverschämt kurzen Kleid eine leuchtend rote Erdbeere. Wer sollte das sein, sie etwa? Sie hatte nie ein solches Kleid getragen. In dieser Nacht nicht und auch sonst nie.

«Ein wichtiges Buch» stand auf dem orangen Aufkleber direkt neben dem Kopf des Mädchens.

Das Buch sei ein Überraschungserfolg, hatte sie noch am selben Abend im Internet gelesen. Ein längst überfälliger Einblick in den Mikrokosmos Dorf, wo patriarchale Strukturen unverändert vorherrschten. Die Schattenseite der Dorfidylle. Sandra hatte sich vor der Veröffentlichung des Buches gefürchtet. Alle im Dorf kannten die Geschichte von damals. Das wusste sie. Darauf angesprochen zu werden, darüber zu reden, war jedoch eine andere Sache. Eine Woche lang hatte sie sich kaum aus dem Haus getraut.

Nichts war passiert.

Niemand, den sie kannte, hatte das Buch gelesen.

Man hätte meinen können, es handle sich dabei um eine Art Widerstand. Um den Boykott der Dörfler gegen das Werk ihres Judas. Doch die Wahrheit war weitaus simpler. Niemand im Dorf hatte es gelesen, weil niemand im Dorf las. Das stimmte in dieser Absolutheit nicht. Natürlich wurde gelesen. Der Bauernkalender. Das Amtsblatt. Zeitschriften, von deren Titelblätter Gesichter europäischer Königsfamilien oder Schlagerstars lächelten. Die Tierwelt. Im Urlaub auch mal ein Buch. Die Lebensgeschichte eines Verdingkinds. Erinnerungen einer Hebamme. Ein Krimi vielleicht.

Die Glocke über ihrem Kopf klingelte, als Sandra die Tür öffnete. Haarsprayschwaden waberten ihr entgegen. Als die Tür hinter ihr zufiel, schepperte die Glocke erneut. Der Laden war

leer. In der Ecke neben dem silbernen Eimer lag ein Häuf-
chen Haare, die sich feucht kringelten. Regula zog den Vorhang auseinander, der den Pausenraum vom Salon abtrennte,
und stand strahlend und mit ausgebreiteten Armen im Türrahmen wie eine Schauspielerin auf der Bühne. Regula war
eine kleine Frau. Ihre Oberschenkel waren so dünn wie
Sandras Oberarme. Die Lachfalten um ihre Augen waren der
einzige Hinweis, dass der Zahn der Zeit auch an Regula knab-
berte. Alles andere hatte sich seit ihrer Mädchenzeit nicht
verändert. Ihre zwei Handvoll Brüste schienen sich jeder
Schwerkraft zu widersetzen und ihr keckes Hinterteil sass
straff in ihrer Grösse-36-Jeans.

Kaum zu glauben, dass dieses zierliche Wesen einen Koloss
wie den Tschudin so zurichten konnte.

Niemals hätte Sandra vor ihm zugegeben, dass sie genauso
gut wie er selbst wusste, dass ihm die Bisswunden und Schram-
men an seinen Unterarmen und im Gesicht kein Sturz vom
Fahrrad und kein Schlachtkalb zugefügt hatte.

Sie schwieg, weil sie ihn mochte, den Tschudin. Auch wenn er
ein Feigling war.

Und sie schwieg, weil alle schwiegen.

Regula nahm Sandra die Strickjacke ab, dirigierte sie zu einem der gepolsterten Stühle und verschwand in der Küche,
um einen Kaffee zu machen. Sandra hörte Unterteller klappern und das Rattern der Kaffeemaschine.

«Vallys Haus ist verkauft, hab ich gesehen», rief Regula durch
den geschlossenen Vorhang. «Das ging aber schnell.»

Sandra machte ein Geräusch, das als Zustimmung interpre-
tiert werden konnte.

«Wie geht es dir?»

Regula schob die dampfende Kaffeetasse auf das Tischchen
unterhalb des Spiegels und trat hinter sie.

«Gut.»

Was sollte Sandra anderes sagen? Ihre Mutter war weit über
achtzig und dement gewesen. Die Tatsache, dass ihr der plötz-

liche Tod vor ein paar Monaten die Möglichkeit auf Ausspra-
che und womöglich Versöhnung genommen hatte, schmerzte
und erleichterte sie gleichermassen.

Regula nickte, schwang den Umhang vor Sandra durch und
drückte den Klettverschluss an ihrem Nacken zusammen.

«Wie die schon wieder gewachsen sind.» Regula fuhr mit den
Fingern durch Sandras Haare, warf einen prüfenden Blick auf
ihre Kopfhaut und griff nach Schere und Kamm.

«So wie immer?»

Sandras Mutter war stolz auf die hellen Haare ihrer Tochter
gewesen, die sie von ihrer Seite der Familie geerbt hatte.

«Mein Engel» hatte die Mutter sie stets genannt.

Am Morgen vor ihrer Hochzeit mit Max hatte Sandra sich
die Haare abgeschnitten, den Kopf über das Waschbecken
gebeugt. Sie erinnerte sich an das ächzende Geräusch, wenn
sie eine Strähne mit der Schere durchtrennte. Danach klebten die feinen Haare so hartnäckig an der Porzellanschüssel
wie der Embryo in ihrer Gebärmutter. Das Färbemittel hatte
ihr eine Freundin in der Stadt besorgt. Sandra verzichtete
darauf, Ohren und Stirn mit einer schützenden Fettcreme
einzureiben, obwohl es in der Anleitung dringend empfohlen
wurde. Am Ende waren ihr die Haare in schwarzen Stacheln
vom Kopf abgestanden, die Haut im Nacken und auf der Stirn
mit schattigen Flecken übersät. Sie war zufrieden gewesen.
Ihre Mutter hatte sie nie wieder einen Engel genannt.

Regula fegte den Boden des Salons, während Sandra lustlos
in einer Zeitschrift blätterte. Solange sie sich lesend gab, würde Regula sie in Ruhe lassen. Die Trockenhaube dröhnte in
ihren Ohren. Sandra blickte über den Rand der Zeitschrift
hinweg in den Spiegel. Sie sah eine fünfzigjährige Frau. Fünfzig war das Doppelte von jung und mehr als die Hälfte von tot.
Sie betrachtete ihr Gesicht. Es war dasselbe Gesicht, das ihr
immer entgegenblickte, wenn sie in den Spiegel schaute. Bei

genauerem Hinsehen allerdings waren es vielmehr Bruch-
stücke verschiedener Gesichter, die zusammengesetzt dieses
eine, nämlich Sandras Gesicht ergaben. Da war diese flaumi-
ge Stelle mit der sanft geschwungenen Delle zwischen Oberlippe und Nase, die noch genau so aussah wie damals, als sie
als Mädchen im Hinterzimmer der elterlichen Metzgerei zäh-
flüssige Stunden allein mit ihrem Spiegelbild verbracht hatte,
das ihr aus blankgewienerten Aufleischplatten entgegenge-
blickt hatte. Auf ihrem Kinn leuchtete einer Mondsichel
gleich eine helle Narbe. Die hatte sie sich kurz vor ihrem sechzehnten Geburtstag zugezogen. Den Pigmentfleck auf der
Stirn, wie ein blassbrauner Kontinent, hatte sie der Schwangerschaft mit Roland zu verdanken. Die Falten links und
rechts der Augenwinkel bezeugten seit einigen Jahren, dass
sie zeit ihres Lebens trotz allem viel gelacht hatte.
Erst kürzlich hatte sie in einer Zeitschrift gelesen, dass Kör-
perzellen im Lauf eines Menschenlebens absterben und
durch neue ersetzt werden. Eine Fettzelle hat die Lebensdau-
er von acht Jahren. Etwa alle zehn Jahre erneuert sich das
komplette Skelett.
Wenn das stimmte, dann war das Gesicht, das ihr in diesem
Moment aus dem Spiegel entgegenblickte, nicht mehr dasselbe Gesicht, das sie hatte, als sie schwanger war oder sich die
Narbe am Kinn zuzog. Und doch waren die Geschichten, die
ihr im Leben widerfahren waren, noch immer deutlich sichtbar, ganz so, als hätten ihre Zellen sie von Generation zu Generation weitererzählt. Sie rubbelte sich mit dem Daumen
übers Kinn. Von der geröteten Haut hob sich die helle Narbe
umso deutlicher ab.

Es war kurz vor Weihnachten 1983 gewesen. Ihr erstes Lehr-
jahr als Floristin. Ab und an putzte sie am Dienstagabend,
wenn ihre Mutter im Damenturnverein war, in der elterlichen
Metzgerei und verdiente sich so einen Batzen zu ihrem Lehr-
lingslohn dazu.

Mamas Engel träumte von einem Moped.

Dann fiel Mamas Engel.

Mit dem Fuss war sie am hervorstehenden Deckel des Abflusses hängen geblieben, der inmitten des weiss gekachelten Arbeitsraums der Metzgerei im Boden eingelassen war. Sie stolperte und schlug mit dem Kinn auf der Kante der metallenen Arbeitsfläche auf, die sie gerade noch mit einem Tuch trockengerieben hatte.

Benommen blieb sie am Boden liegen.

Es war René, der sie aufhob und in den Nebenraum trug, wo Vaters durchhängendes Sofa neben dem Schreibtisch aus Nussholz stand. Hier sass einmal die Woche die Mutter und schrieb Rechnungen, trug mit ihrer unleserlichen Handschrift die Einnahmen ins Kassenbuch ein, mahnte die Kunden an, die sich hatten Fleisch anschreiben lassen.

René legte Sandra aufs Sofa, verschwand kurz und kehrte kurz darauf mit einer Stoffrolle zurück. Sein Metzgerschurz, frisch gewaschen und gestärkt. Sandras Mutter würde wütend werden, wenn er ihn schmutzig machte. Sandra wusste das. Er wusste das auch. Mutter mochte René nicht. Der sei kein Metzger, schnaubte sie immer, wenn das Gespräch auf ihren Drittlehrjahrstift kam. Der könne den Anblick von Blut nicht ertragen. Als Metzger. Das müsse man sich erst einmal vorstellen.

An diesem Abend allerdings zuckte René nicht mit der Wimper, als sich der weisse Baumwollstoff, den er Sandra vorsichtig aufs Kinn drückte, mit ihrem Blut vollsog. Die andere Hand ruhte warm auf ihrem Oberarm. Im Fensterviereck hinter ihrem Kopf hatte sich die Nacht ausgebreitet. Vielleicht flüsterte er deshalb, sein Gesicht ganz nah an ihrem, als er ihr erzählte, dass er sein Portemonnaie im Spind vergessen hatte und deshalb nach dem Abendessen zurückgekehrt war. Sandra habe auf dem Boden gelegen. Die hellen Haare wirr um sie herum ausgebreitet, wie ein flackernder Kerzenschein. Im fahlen Licht, das vom Arbeitsraum zu ihnen hineindrang, sah sie Staubflocken wie Schnee in der Luft tanzen und auf sie hinabrieseln.

Erst hörte ihr Kinn auf zu bluten. Dann legte er sich auf sie. Sandra war neugierig und René war freundlich. Er hielt die Augen geschlossen und atmete rasch. Sein Schnauzbart kitzelte bei jeder seiner Bewegungen in ihrem Gesicht. Sie dachte noch, dass das alles sehr interessant sei, da war es auch schon vorbei. Auf dem Sofa war Blut, ein Fleck in der Farbe und Form einer Erdbeere, das war von ihrem Kinn. René zog sich hastig an und verabschiedete sich, ohne sie noch einmal zu küssen. Als sie die Hintertür ins Schloss fallen hörte, setzte sie sich vorsichtig auf. Die Welt drehte sich um sie, vermutlich wegen des Blutverlusts. Wegen des Verlusts ihrer Jungfräulichkeit vielleicht auch. Sie löschte alle Lichter in der Metzgerei und machte sich auf den Nachhauseweg. Bei jedem Schritt tropfte eine klebrige Flüssigkeit ihr Bein runter und auch das fand sie interessant.

Sie war nicht in René verliebt.

Sie war in niemanden verliebt.

Ausser vielleicht in sich selbst.

Eine Woche später, sie schüttete gerade das Putzwasser aus dem Eimer in den Schüttstein, war er wieder da. Seine Ohren rot von der Kälte draussen oder der Scham. René blieb in der Tür stehen und blickte auf einen Punkt knapp oberhalb ihres Kopfes, wo zerkratzte Schneidebretter im Regal standen. Er erklärte ihr umständlich, dass er nicht an ihr interessiert sei. Das liege nicht an ihr, es sei schön gewesen letzte Woche, irgendwie. Er sei auch bestimmt an keinem anderen Mädchen interessiert, das sei es nicht. Nein, das sei es ja gerade. Das alles tue ihm leid. Und sie solle das bissoguet für sich behalten. Dann wurden ihm die Wangen so rot wie die Ohren und er stolperte davon. Ohne sich noch einmal umzudrehen, wünschte er ihr ein schönes Weihnachten, dann fiel die Hintertür der Metzgerei ins Schloss. Sandra wrang den graustichigen Bodenlumpen aus und liess ihn auf den Boden klatschen. Insgeheim machte sie sich lustig über René, der doch zwei Jahre älter war als sie, sich aber benahm wie ein Bub. Sie erinnerte sich an die Gerüchte, die sie gehört hatte: René sei schwul. Es war ihr einerlei.

Das war, bevor sie zu bluten aufhörte.

Sandra war sechzehn.

Sandra war schwanger.

Der Vater ihres Kindes war nicht an Mädchen interessiert und Sandras Mutter konnte ihn nicht leiden.

René zu heiraten war keine Option.

Das Kind ohne Vater aufzuziehen aber auch keine.

Was würde aus ihr werden, mit Kind und ohne Ausbildung? Wer würde für sie sorgen? Welcher Mann würde sie noch wollen?

Sandra wusste, sie würde wüste Witze einstecken müssen. Männer würden sich erlauben, ihr in den Hintern zu kneifen, ihre Brüste zu streifen, ihr näher zu kommen, als sie irgendjemanden an ihre Frauen und Töchter heranlassen würden.

Diese Zukunft wollte Sandra nicht.

Darum wählte sie eine andere.

Es hätte irgendeiner sein können. Sandras Wahl fiel auf Max.

Von ihm schwärmten ihre Freundinnen.

Von seinen langen Wimpern.

Von seinen blauen Augen.

Von seinem schön geschwungenen Mund.

Sie hatte sich für Max entschieden und ihn am Unterhaltungsabend aus der Turnhalle gelockt. Das war einfacher gewesen, als sie es sich vorgestellt hatte. Natürlich hatte sie sich geziert. Alles andere wäre unangemessen gewesen. So weit war alles nach Plan verlaufen. Als er ihr unter dem Vordach des Schulhauses aber den Rock hochschob und seine Finger grob irgendwo da unten reinzwängte, verliess sie der Mut. Sie wollte wieder zurück in die Turnhalle, hin zu Mutter und Vater, die nur wenige Meter entfernt im Warmen sassen. Sie wollte weg vom keuchenden Max, der jetzt hinter ihr stand und ihre Beine auseinanderschob.

Sie sagte Nein und sie meinte es so.

Dieses Mal hatte es geblutet. Sandra hatte gehofft, dass wenigstens das Kind abgehe. Doch es war geblieben.

Alle Zellen in einem menschlichen Körper erneuern sich im Lauf eines Lebens. Nur das Herz, der am stärksten beanspruchte Muskel, bildet jedes Jahr nur ein Prozent neue Zellen. Selbst wer lange lebt, hat am Ende kein neues Herz.

Hatte Sandra Max verführt, wie Melanie nicht müde geworden war, herumzuerzählen?

Hatte Max Sandra vergewaltigt, wie der Vollenweider in seinem Buch schrieb?

Ja.

Manchmal war eine Geschichte komplexer als die Geschichten, die man sich darüber erzählte, es erahnen lassen würden.

Die Eltern waren aus allen Wolken gefallen, als Sandras Tante Lucy ihnen erzählt hatte, was alle im Dorf schon längst wussten: Max hatte Sandra geschwängert. Vielleicht waren sie tatsächlich überrascht gewesen. Es wurde viel geredet im Dorf, nur nicht mit denjenigen, über die geredet wurde.

Sie hatte gehofft, Max nicht heiraten zu müssen. Schliesslich hatte er Mamas Engel Gewalt angetan. Doch da hatte sie sich geirrt. Einem Mädchen Gewalt anzutun war nicht schön. Aber es war nicht unbedingt falsch. Falsch war nur, das Mädchen dann nicht zu heiraten.

Das hatte der alte Lysser gesagt.

Das hatte ihr Vater gesagt.

Das hatte ihre Mutter abgenickt.

Max hatte schliesslich alles richtig gemacht.

Roland wurde im selben Jahr geboren und Max liebte den Buben. Er wünschte sich weitere Kinder, doch sie wurde nicht mehr schwanger. Irgendwann überredete sie Max zu einer

Untersuchung. Verminderte Spermaqualität, lautete die Diagnose.

Er hatte nie gefragt.

Sie hatte nie etwas gesagt.

Regula wickelte das Frotteetuch von Sandras Kopf und tupfte Ohren und Nacken trocken.

Sandras Mutter war erst mit weit über sechzig Jahren ergraut. Sie war fünfzig und bereits weiss.

Regula lächelte unsicher und fuhr ihr mit den Fingern durch das farblose Haar. «Du willst sie sicher nicht mehr färben? Du kannst dich immer noch anders entscheiden.»

Sandra schüttelte den Kopf.

«Die Leute werden sich das Maul zerreissen», sagte Regula seufzend und griff zum Föhn.

Sandra lächelte.

«Ich weiss.»

KAMPA ⟨⟩ POCKET

Ursula Fricker
Gesund genug

Roman

»Sag, flüsterte ich, hast du wirklich geglaubt, nur
vollwertige Kost ergebe vollwertige Menschen?«

Als bei Hanne in Berlin das Telefon klingelt, ahnt sie, was kommt.
Ihr Vater liegt im Sterben. »Da kann man einmal sehen«, hat der
Gesundheitsfanatiker immer mit Genugtuung gesagt, wenn es an-
dere erwischte. Nun leidet er selbst an Darmkrebs im Endstadium.
»Da kann man einmal sehen«, würde Hanne jetzt gern zu ihrem
Vater sagen. Alle hat er mit seinem Bio-Wahn und Reinlichkeits-
fimmel terrorisiert, die Familie zu einer Sekte gemacht – in einer
Zeit, als Gemüseraffel und Demeter noch längst kein Mainstream
waren. Aber soll Hanne es ihm jetzt wirklich heimzahlen? Am
Sterbebett erinnert sie sich an ihr Erwachsenwerden jenseits des
väterlichen Diktats, an ihren Sommer als Mother's Help in London, an das Erwachen und Auskosten einer wilden Freiheit. Als
sie zufällig eine Mappe mit alten Zeichnungen entdeckt, leuchtet
plötzlich eine völlig unbekannte Seite dieses pedantischen Vaters
auf. Hatte auch er einmal einen Freiheitstraum? Wo ist der hin?
Gesund genug ist ein Roman über eine »bio-dynamische« Radika-
lisierung und das Scheitern am eigenen Anspruch. Ursula Fricker
erzählt berührend von den letzten Geheimnissen zwischen einer
Tochter und ihrem Vater.

»Politische Themen werden meisterlich
in den Familienroman integriert.«
Thea Dorn

Hansjörg Schertenleib
Palast der Stille

Für sich sein. Innehalten.
Mit sich sein. Selbstbestimmt leben.

Ein kleines Cottage auf einer Insel an der Ostküste Amerikas, mitten im Winter, in der Stille. Ein Mann schaufelt Schnee, redet mit seiner Katze, beobachtet Vögel, genießt die Langeweile und zieht Bilanz über sein Leben und Schaffen. Später macht er sich auf den Weg durch den tief verschneiten Wald zu der Kiefer, in deren Krone er einen Ausguck hat: die Welt zu schauen, die Natur, sich selbst.

Hansjörg Schertenleib schreibt über Stille, selbst gewählte Einsamkeit und die Liebe zu Tieren, zur Natur und zu Büchern. Eindringlich, poetisch, schwebend leicht.

»Ein Buch für alle, die dabei sind, das einfache Leben
zu entdecken. Alle, die da sitzen, lesen, schreiben,
schnitzen. Den Wind hören und manchmal Musik;
alle, die gerne im Schnee und in sich selbst versinken. «
Christine Richard / Tages-Anzeiger

KAMPA POCKET

Annemarie Schwarzenbach
Das glückliche Tal

Roman

»Dieses Buch hat mich sehr bewegt und gerührt.«
Elke Heidenreich

Drückend heiß ist es im Sommer in Teheran, und so flieht die Erzählerin gemeinsam mit einigen Freunden hinaus in die Hochebene. Sie war schon immer auf der Flucht, auf der Flucht vor der bürgerlichen Gesellschaft und einer Existenz, die sie als einengend empfand. Seit Jahren reist sie um die Welt – auf der Suche nach ihrer eigenen Identität. Doch in der fremden, stillen Landschaft Persiens holt sie die Trauer ein. Sie ist nicht allein und doch schrecklich einsam. Nachts kann sie nicht schlafen, fühlt sich ausgeliefert, der Freiheit, die sie doch immer angestrebt hat, nicht gewachsen. Sie will ihre Vergangenheit, ihre Kindheit in der Schweiz, vergessen und sehnt sich zugleich danach zurück.

In ihrem autobiographisch gefärbten Roman, erstmals 1940 erschienen, beleuchtet Schwarzenbach die Abgründe und Widersprüche ihres eigenen Lebens. Gegenwart und Vergangenheit, Traum und Wirklichkeit vermengen sich in diesem herzzerreißenden, hochlyrischen Buch, das heute als moderner Klassiker der deutschsprachigen Literatur gefeiert wird.

»*Das glückliche Tal* ist ein poetischer Klagegesang über die existenzielle Einsamkeit und Fragmentierung des modernen Menschen, der sich selbst fremd geworden ist.«
NZZ am Sonntag

KAMPA POCKET

Susan Hill
Stummes Echo

Roman
Aus dem Englischen von Andrea Stumpf

»Was Erinnerung auslösen kann, wenn sie unterschiedlich
wahrgenommen wird. Großartig und fesselnd.«
Hessischer Rundfunk

Auf einem Hügel irgendwo im Norden Englands steht ein Haus,
vom Wind umtost: der Beacon. Hier sind May, Frank, Colin
und Berenice aufgewachsen. Das Leben auf dem Hof war hart,
aber die Geschwister hatten es immer gut miteinander. So war
es doch, oder? Nur zwei von ihnen ziehen in die Fremde, nach
London. May kehrt schon nach ihrem ersten Studienjahr zurück
und kümmert sich fortan um ihre Eltern und den Hof. Nur auf
dem Beacon fühlt sie sich sicher und geborgen. Frank aber bleibt
in der Großstadt, macht Karriere als Journalist und schaut nicht
mehr zurück. Bis zu dem Tag, an dem er beschließt, ein Buch über
einen Jungen zu schreiben, dessen Kindheit geprägt war von Leid
und Gewalt. Und dieser unglückliche Junge war er selbst? Ein
Buch über fragile Familienbande und die Brüchigkeit von Erinnerungen, über die unsichtbaren Verletzungen, die uns das Leben
zufügt, und die wundersamen Wege, diese zu überwinden.

»Wundervoll und weise. Ein kleines Meisterwerk.«
Daily Telegraph

KAMPA POCKET

Żanna Słoniowska
Das Licht der Frauen

Roman
Aus dem Polnischen von Olaf Kühl

Die eigentlichen Revolutionen werden nicht auf der
Straße ausgefochten, sondern in unseren Herzen.

In einem Haus mitten in Lemberg leben vier Frauen, die einander ebenso lieben, wie sie sich hassen. Sie einen ihren Freiheitsdrang, ihre Aufsässigkeit – und ihre unglücklichen Lieben. Bis zu dem Tag, der alles verändert: Marianna wird auf offener Straße erschossen. Vom Fenster aus beobachtet ihre Tochter, wie sich der Trauerzug zu einer Demonstration auswächst. Marianna war nicht nur eine gefeierte Sängerin, sondern auch Aktivistin im Kampf für eine unabhängige Ukraine. Unter demselben Fenster steht Jahre später ein Mann, der Mariannas Tochter ihre Heimatstadt näherbringt – und die viel zu früh verstorbene Mutter. Vor dem Hintergrund der bewegten Geschichte Lembergs erzählt Żanna Słoniowska von Müttern und Töchtern, von privaten und gesellschaftlichen Revolten, dem unbedingten Glauben an Freiheit, Emanzipation und an die Liebe.

»Ein eindrucksvoller Roman, der auf subtile Weise den
Einfluss der Geschichte auf das Leben des Einzelnen zeigt:
Egal, wie lange man daran glaubt, sich der eigenen Herkunft
entziehen zu können – irgendwann holt sie einen doch ein.«
Marta Kijowska / Deutschlandfunk

»Nur wenige Romane bewegen so sehr
gleichermaßen Herz und Verstand.«
The Financial Times, London

KAMPA 🜊 POCKET

Olga Tokarczuk
Gesang der Fledermäuse

Roman
Aus dem Polnischen von Doreen Daume

Krimi? Feministischer Roman? Anklageschrift
gegen Tierquälerei? Vor allem: ungemein spannend!

Im Sommer tummeln sich wohlhabende Städter auf dem Hoch-
plateau an der polnisch-tschechischen Grenze. Im Winter fliehen
die allermeisten Einwohner den windumtosten Ort. An den langen dunklen Tagen widmet sich Janina Duszejko der Astrologie
und der Lyrik des von ihr verehrten William Blake. Man hält die
ältere Dame für verschroben, wenn nicht gar für verrückt, auch
weil sie die Gesellschaft von Tieren der von Menschen vorzieht.
Dann gibt es einen Toten. Janinas Nachbar Bigfoot ist grausam
erstickt: In seiner Kehle steckt der Knochen eines Rehs. Und es
bleibt nicht bei einer Leiche. Janina ermittelt auf eigene Faust. Kri-
minalfall, philosophischer Essay, Fabel, literarisches Spiel – auf
ebenso komische wie ergreifende Weise zeigen Olga Tokarczuk
und ihre hinreißende Heldin, wie sehr es unserer Gesellschaft an
Respekt mangelt, ob der Natur und den Tieren gegenüber oder
jenen Menschen, die am Rande stehen.

»Man muss einfach staunen über den Ideenreichtum dieser
Autorin. In beinahe jedem Satz entfaltet sie ein neues Universum.«
Lisa Kreißler / NDR Kultur

»Ein ziemlich skurriles, phantasievolles Stück Literatur.«
Alexander Košenina / Süddeutsche Zeitung

Tessa Hadley
Zwei und Zwei

Roman
Aus dem Englischen von Gertraude Krüger

Sind drei einer zu wenig – oder doch einer zu viel?

Seit dreißig Jahren sind sie befreundet, die stille Malerin Christine, ihr Mann Alex, der sich zum Dichter berufen fühlte und nun als Lehrer arbeitet, der erfolgreiche Kunsthändler Zachary und seine flamboyante Frau Lydia. Die vier führen in London ein gutbürgerliches Leben, parlieren über Kunst und Literatur, bekommen Kinder und fahren gemeinsam in die Ferien. Alles ist gut. Dann stirbt Zachary, vollkommen unerwartet. Lydia zieht zu Christine und Alex. Aber der Verlust des Freundes und Ehemanns schweißt die drei nicht enger zusammen. Die Vergangenheit holt sie ein, alte Wunden brechen auf. Haben sie die richtigen Entscheidungen getroffen? Trifft man die je? Was ist aus ihren Sehnsüchten, den Lebensentwürfen ihrer Jugend geworden? Und was ist eigentlich damals in Venedig geschehen?
Tessa Hadley hat einen wunderbar elegischen Roman über die ganz normalen Irrtümer und Missverständnisse des Lebens geschrieben, eine *comedy of manners*, in der die kleinen Gesten alles erzählen, ein Buch, dessen Lebensklugheit und feiner Ironie man sich nicht entziehen kann.

»Eines dieser Bücher, von denen man nicht
lassen kann, man liest weiter, geht ein Stück Wegs mit
diesen Fremden, die immer vertrauter werden.«
Rose-Maria Gropp / Frankfurter Allgemeine Zeitung

KAMPA 🐝 POCKET

Virginia Woolf
Orlando

Roman
Aus dem Englischen von Karl Lerbs
Mit einem Vorwort von Tilda Swinton

»Vollkommen. Ein Juwel.«
Doris Lessing

Orlando ist jung und schön – und so wird es immer bleiben, beinahe vier Jahrhunderte lang. Elizabeth I. verliebt sich in den Jüngling und ernennt ihn zu ihrem Schatzmeister – aber Orlando hält es nicht lange am englischen Hof, das vornehme Getue geht ihm auf den Geist, außerdem stellt ihm eine Herzogin nach. Es zieht ihn weiter, über seine Zeit hinaus. Zunächst jedoch lässt er sich als Botschafter nach Konstantinopel versetzen und fällt in einen langen, tiefen Schlaf. Als er aufwacht, ist er ein anderer – eine andere … Und das bringt Probleme mit sich: Orlando verliert all ihren Besitz, all ihre Rechte – und macht sich wieder davon. Im London des 18. Jahrhunderts verkehrt sie, die Dichterin, mit bedeutenden Intellektuellen und genießt die Liebe beider Geschlechter. Ganz anders wird es ihr im viktorianischen Zeitalter mit seinen strikten Moralvorstellungen ergehen.

Ein furioser, überbordender Roman, ein Wunderwerk der Weltliteratur und zugleich ein entscheidender Text der Frauenbewegung, der auf ebenso geistreiche wie komische Weise Geschlechterstereotype hinterfragt.

»Ein unwiederholbarer Glücks- und Einzelfall.«
Wolf Wondratschek

KAMPA POCKET

Kerstin Campbell
Ruthchen schläft

Roman

Manchmal wohnt das Glück gleich nebenan.

Fast vierzig Jahre und drei Stockwerke liegen zwischen Frau
Lemke und Georg, sie ist die einzige Konstante in seinem Leben. Frau Lemke wohnt schon immer in dem Haus, das Georg
geerbt hat. Es hat nicht viel geklappt in seinem Leben, und
manchmal fragt er sich, wie aus ihm dieser eigenbrötlerische
Vermieter geworden ist. Nur eines weiß Georg sicher: Was
immer in seinem Leben geschehen mag, an seinem Geburtstag
wartet der von Frau Lemke gedeckte Tisch auf ihn, auf Frau
Lemke ist Verlass. Doch jetzt soll alles anders werden: Frau
Lemke muss zu ihrem Sohn Wolfgang nach New York ziehen.
Nur solange ihre Katze Ruthchen lebt, hat Wolfgang verfügt,
darf die alte Dame in Berlin bleiben. Als Ruthchen eines Morgens nicht mehr aufwacht, ist es Zeit für Plan B: Was, wenn
Ruthchen einfach weiterhin auf dem Sofa schläft, für immer
vielleicht? Tierpräparatorin Caro setzt die wahnwitzige Idee in
die Tat um – und stellt auch Georgs Leben auf den Kopf.

Ein Roman über Nachbar- und Freundschaft, über Wahlver-
wandtschaften und Ersatzfamilien, über Verantwortung und
(Tier-)Liebe – auch über den Tod hinaus.

KAMPA 🜍 POCKET

Christian Schnalke
Louma
Roman

»Im Planetensystem der Familie war Louma die Sonne
gewesen. Jetzt war die Sonne verschwunden.
Ohne Louma waren sie den Fliehkräften schutzlos
ausgeliefert, die Planeten schossen haltlos
in die Dunkelheit hinaus.«

Als Louma viel zu jung stirbt, hinterlässt sie vier Kinder von zwei
Vätern. Die beiden Männer sind wie Feuer und Wasser: Tristan
und Mo verbindet nur, dass sie mit derselben Frau verheiratet
waren. Noch vor der Trauerfeier eskaliert die Situation, und die
vier Kinder müssen mitansehen, wie sich ihre Väter prügeln. Beide meinen zu wissen, was das Beste für Toni, Fabi, Fritte und
Nano ist, keiner von beiden würde dem anderen seine Kinder anvertrauen. Da hat Fritte eine Idee: Damit die Geschwister nicht
auseinandergerissen werden, ziehen die ungleichen Väter einfach
zusammen. Und während sie alle auf ihre Weise um Louma trau-
ern, müssen sie zueinanderfinden. Kann aus der Zweck-WG eine
richtige Familie werden?

Das berührende, mit feinem Humor erzählte Porträt einer
Frau, die über ihren Tod hinaus die Menschen, die sie lieben, ver-
bindet. Ein Roman über Familienbande und den Mut, sich seinen
Ängsten zu stellen.

KAMPA 🔯 POCKET

William Boyd
Eines Menschen Herz

Roman .
Aus dem Englischen von Chris Hirte

Logan Gonzago Mountstuart, 1906 in Uruguay geboren, ist Schriftsteller, Kunsthändler, Spion. Und vieles mehr. Eine Lebemann. Ein Mann mit vielen Talenten und ebenso vielen Schwächen: Mit Anfang zwanzig erlangt er frühen Ruhm als Shelley-Biograph und heiratet in den englischen Landadel ein, später geht er als Berichterstatter in den Spanischen Bürgerkrieg und wird Leutnant beim Secret Service. Er trifft Berühmtheiten wie Evelyn Waugh und Virginia Woolf, lernt in Paris Ernest Hemingway und Pablo Picasso kennen und kauft für wenig Geld Gemälde unbekannter Künstler: Paul Klee und Juan Gris. Noch später arbeitet er für Bond-Erfinder Ian Fleming und landet in einem Schweizer Gefängnis. Im Laufe seines Lebens hat Mountstuart nahezu überall gelebt. Schließlich, als alter Mann, wird er glücklich – beinahe. In Form eines fast siebzig Jahre umfassenden fiktiven Tagebuchs erzählt William Boyd das bewegte und bewegende Leben eines außergewöhnlichen Mannes, der sich durch die Londoner, New Yorker und Pariser Kunstszene trinkt und schreibt. Das schillernde Porträt eines Lebenskünstlers und eine atemberaubende Reise durch das 20. Jahrhundert.

»Wer sich noch daran erinnert, wie es ist, wenn man
mit den ersten Sätzen in ein Buch hineinfällt und sich umgehend
wünscht, die Zeit möge nun stillstehen bis zur letzten Zeile,
der sollte sich den Roman Eines Menschen Herz besorgen.«
Elke Schmitter / Der Spiegel

KAMPA POCKET

Tatiana Țîbuleac
Der Sommer,
als Mutter grüne Augen hatte

Roman

Aus dem Rumänischen von Ernest Wichner

»Eine Entdeckung. Ein Roman von
durchdringender Kraft und unbändiger Schönheit.«
Le Monde, Paris

Der siebzehnjährige Aleksy verabscheut seine Mutter, denn sie ist
hässlich und hat als Mutter versagt. Als sie ihn aus dem Erzie-
hungsheim abholt, will er nichts von ihr wissen. Trotzdem lässt er
sich zu einem letzten gemeinsamen Urlaub überreden, auch wenn
er dafür eine Amsterdamreise mit seinen Freunden sausen lassen
muss. Bestechungssumme: ihr Auto. Kaum angekommen in dem
kleinen französischen Dorf, in dem er sich fremd fühlt und nur
mühsam mit den kauzigen Bewohnern zurechtkommt, erfährt
er, wie es in Wahrheit um seine Mutter steht. Ihn verfolgen fort-
während schmerzliche Erinnerungen aus der Kindheit, und die
ungewohnte Sorge um die Mutter überschattet sein erstes unbe-
holfenes Liebesglück. Nach diesem Sommer ist in seinem Leben
nichts mehr, wie es einmal war.

»Ernest Wichners Übersetzung bewahrt
viel von der Kraft dieser Prosa, ihrem Wechsel
zwischen Derb- und Zartheit.«
Wolfgang Schneider/FAZ

KAMPA ⟨🜨⟩ POCKET

Marie Nimier
Der Strand

Roman

Aus dem Französischen von Rainer Moritz

Eine Insel, drei Menschen,
ein abgelegener Strand und das Meer

Eine Frau fährt mit dem Bus. Durch ein Dorf, das im Herzen der
Insel liegt, ein Dorf, das wie alle Dörfer auf dieser Insel ist, die
wie alle Inseln ist. Sie fährt zu einem verlassenen Strand und der
Höhle, in der sie zwei Jahre zuvor mit ihrem Freund glückliche
Stunden verbracht hat. Er, der Reisende, mit ihr, der Sesshaften.
An der Endstation angekommen steht die Sonne noch immer
hoch am Himmel. Die Frau badet im Meer und spürt seit Langem
das erste Mal wieder ihren Körper. Doch sie ist nicht alleine. Die
Höhle wird bewohnt von einem Mann und einem Mädchen, das
die Welt mit anderen Augen zu sehen scheint. Als die junge Frau
die Insel verlässt, ist sie nicht mehr dieselbe.

»Die Ästhetik einer großen Innerlichkeit,
eines Miterlebens. Ein filigranes Beziehungsgeflecht,
dem eine gewisse Leichtigkeit innewohnt, die auch den Leser
in eine Art Schwebezustand zu versetzen vermag.«
Carolin Fischer / Deutschlandfunk

Wenn Ihnen dieses KAMPA POCKET
gefallen hat, gefällt Ihnen vielleicht auch der
Lesetipp auf der gegenüberliegenden Seite.

Schicken Sie uns bitte Ihren LIEBLINGSSATZ
aus einem Kampa Pocket, bei einer Veröffentlichung auf unseren Social-Media-Kanälen
bedanken wir uns mit einem Buchgeschenk:
lieblingssatz@kampaverlag.ch